阿克顿经济、伦理与法律译丛

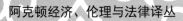

论一般法律
On the Law in General

D. Hieronymous Zanchi

［意］D. 希罗尼穆斯 · 赞奇 著

王婧 译

《法学大全》选集
Selections from the Dicaeologicae

Johannes Althusius

［德］约翰斯 · 阿尔图修斯 著

王婧 译

上海三联书店

《论一般法律》

[意] D. 希罗尼穆斯 · 赞奇 著　　王婧 译

《法学大全》选集

[德] 约翰斯 · 阿尔图修斯 著　　王婧 译

本书由美国阿克顿研究所（Acton Institute）授权出版

总序
智识史与道德神学的关系：
经济学、伦理学和法学的起源

经济学历史研究的当下状况

在许多西方知识分子眼里，道德神学臭名昭著，基于同样的深层原因，现代经济学家对经院哲学的经济思想，无论是 12 世纪的还是 17 世纪的，都随意草率对待，或干脆完全忽视。在许多知识分子看来，目前道德神学已是一种过时的宗教思想，它崇奉非理性和教条主义，经济史家连同著名的天文学家、遗传学家、古生物学家、政治分析家、哲学家和伦理学家，都赞同这种思路。尤其是一些经济史家，他们将经院哲学家的经济学（或者有时称其为"教规式的市场行为观念"［canonical concept of market behavior］）视作亚里士多德式的形而上学和教会的权威学说，这使得现代的经济学教授们在承认经院学者或其 16、17 世纪的继承者——那些博士们——对货币和价值理论作出过精妙分析性贡献上，始终保持沉默，或至少是不那么接受。

将经济观念与其原初的历史和形而上学背景相分割的做法，在当下关于经济学的史前史的争论上尤为明显。大部分主流经济史家无不认为现代经济学诞生自亚当·斯密、重商主义者和重农主义者。在经济史家马克·布劳格(Mark Blaug)看来，经济学的史前史始自 17 世纪的重商主义者，而非修正论者(revisionist)所坚持认为的古希腊人或中世纪经院哲学家。他生造了一个术语"前亚当经济学"(pre-Adamite economics)，用以在方法论意义上定义和限定史前时代的亚当·斯密的直接和直系性历史先驱：17世纪的重商主义者、重农主义者和18世纪不列颠自由贸易著作家。

至于经济学的史前史是否肇始自13世纪或更为久远这一宏阔的问题，在布劳格看来，实属"事后添加的想法"。[1] 我们可以推断，一种事后添加的想法，想必可以显露出对有关人类行为和社会凝聚的实证性假设的质疑，且几乎不能在计量方法和模式方面产生任何新的洞见。当经院哲学家将经济和商业交易作为伦理或法律事务来分析，包括将自然法应用于民间契约时，"正是重商主义者，"布劳格主张道，"远早于亚当·斯密，摒弃了将市场行为当作道德问题的教规式观念，形成了'经济人'的概念。"这些重商主义者"对利己主义的直接力量和国内经济政策的信任近于提倡放任自由主义。亚当·斯密并非第一个对'看不见的手'的运作有信心的人。同时也不必将其对供求决定价格的理解把握诉诸经院哲学家的影响"。[2]

对于在解释斯密怎样把握价格和价值确定问题时是否有必要诉诸经院哲学的影响不加考虑，也不论及更广大的问题，即诸如贝尔纳多·达文扎蒂（Bernardo Davanzati，1529－1606）、费迪南多·加利阿尼（1728－1787）、雨果·格老修斯（1583－1645）、萨缪尔·冯·普芬道夫（1632－1694）、吉尔肖姆·卡米高（Gershom Carmichael，1672－1729）、弗朗西·哈奇森（Francis，1694－1746）、亚当·弗格森（Adam Ferguson，1723－1816）、让-雅克·布尔拉马基（Jean-Jacques Burlamaqui，1694－1748）、奥古斯特·瓦尔拉（Auguste Walras，1801－1866）、雷昂·瓦尔拉（Léon Walras，1834－1910）等经济学史上的重要人物，是否受到经院哲学对价格和价值的处理方式的影响；甚而至于，就此而言，如果亚当·斯密所确定的目的论、终极因、神的设计和美德的作用被轻忽为只具点缀性，他的整个思想体系是否依然可以理解？[3] 为此，在这一更广泛的方面，当代的对于经院哲学对斯密的影响的琐碎争辩其实转移了人们的注意力，因为正如朗格霍姆（Langholm）所表明的那样，[4] 它回避了对于经院哲学和现代经济学的思想之间的延续性和间断性的严肃的历史性调查。而且，它很容易带来一个副作用，也就是贬低了目的论和自然神学在斯密本人的思想，以及其他 17、18、19 世纪政治经济学家的思想中的重要性。

正如实证主义历史家所赞许的，通过在理论上将经济学的史前史限定于重商主义和重农学派，经济学史就可凝聚在"经济人"（economic man）、自利等典型的"现代"关注的概念周围，并从所谓"教规式的市场行为概念"中解放出来。这种对谁或者哪些思想在经济史上具有分量的武断的限定，只是有助于支撑 20 世纪的实证主义者的种种假设，尤其是那些价值中立和经济人（homo economicus）的假设——人类行事理性而自利，追求财富，逃避不必要的劳动，并力图使其决策只围绕中心目标。最终，将经济学史前史减缩为 17 世纪重商主义者的现代做法，便可以作为奥卡姆（Occam）剃刀式的问题提出：当古典经济学的所有基础要素已内蕴在重商主义之中，为何还要诉诸经院哲学的影响来启明现代的有关货币、价值和价格的观念呢？

对此最直白的回答就是，创造性的思想——包括革命性的经济思想，从来不可能是在智识、历史、宗教、哲学或地理真空中成长发展的。"启蒙"，作为对于中世纪教会的现世裁判权和神学在智识方面所占据的科学王后的霸权的世俗性回应，已造就了这样一种现代环境：身处其间的学者不再明了基督教基本原理对于西方文明和大学生活曾发挥的历史性影响。[5] 很早以前，基督教神学家就认为，运用推理理性（如同学术方法，我们知道这种方法由中世纪基督教神学家创立，为后世采纳、应用）不仅对上帝之言和道德意志而且对造物秩序本身，都能起到不断提高精确理解的作用。

为此，将理性运用于各种智识领域，包括经济问题，并非启蒙时代的发明。再者，在一个连贯的智识框架内运用理性也是基督教经院哲学的遗产，是中世纪和早期现代学派的方法。这一经院哲学方法的应用，提高了人们对世界和人类事物的理解，激发人们努力地对自然界有规律发生的事件作出合乎逻辑的解释。"万物皆遵循共同的秩序；这一方式使宇宙就像上帝"，但丁在《神曲》中写道。[6] 有一种观点认为，经院哲学方法在经济学问题上的具体应用造就了某些创新性观念，而这些观念经多次辩证完善，逐渐形塑了现代经济学世界。这一论断的真实性所凭据的，并非现代性对其自身之生成、发展或未来轨迹的理解，而更多的是显见的"观念之间内在的相互联系和密切关系，它们的活力或'特有的活力'（particular go，用洛夫乔伊[Lovejoy]的话来说），以及它们施加给那些思考它们的心灵的逻辑压力"。[7]

然而，赞同这一断言意味着不仅要求实证主义历史学家对形而上学模式与智识传统的关系——这转而又会要求承认在观念史上神学学说具有不可或缺的作用[8]——重新审视，而且要求他们承认目下将经济学与道德分离只是一种新鲜的做法，偏离了政治经济学的长期传统。[9] 在阿尔维（Alvey）看来，"造成经济学日渐与道德关怀相离析的主要原因有两个。其一，自然科学被视作成功的典范，人们希望通过将自然科学的方法，包括数学方法，应用于经济现象的研究，从而在经济学中获得同样的成功。其二，自封的经济科学逐渐采纳实证主义，而正是实证主义将道德议题排除在科学之外"。[10] 在关于经济学史前史的争论上，或许正是上述的后一种承认最令修正论者反对实证主义者。

经院哲学家的经济学、伦理学和法学

当撇开实证主义的偏见，重新审视早期的著作之时，我们发现近代早期是有关经济学、伦理学、法学和政治学议题的智识酵素的丰富来源。在 16 世纪和 17 世纪早期，一个小小的但颇具影响力的神学家和法学家群体麇集于西班牙，他们试图将罗马法的文本与亚里士多德和托马斯的道德哲学相综合。这一运动始于托马斯哲学在巴黎的复兴，正如卡马乔（Camacho）所述，在巴黎，"皮埃尔·克罗卡尔特（Pierre Crockaert）在智

识上经历了从唯名论哲学向托马斯·阿奎那哲学的转变"。[11]

阿奎那生于1225年,此前不久,亚里士多德关于形而上学、物理学、政治学和伦理学的著作开始在西方重现,由阿拉伯学者传到欧洲而形成的亚里士多德学派将成为中世纪思想中一个重要的竞争者。托马斯在以亚里士多德为代表的希腊哲学传统与昆图斯·德尔图良(Quintus Tertullian)、奥古斯丁和波纳文图拉(Bonaventure)所表述的基督教神圣理念传统之间寻求和融之道。1512年,克罗卡尔特在一个名叫弗朗西斯科·德·维多里亚(Francisco de Vitoria,约1483-1546)的帮助下,出版了他对托马斯的《神学大全》最后一部分的评述。[12]

大约在托马斯出生前两百年,优士丁尼(Justinian)的《民法大全》(Corpus iuris civilis)在西方被重新发现,并成为学术争论的对象。但至少在16世纪之前的西班牙,罗马法、亚里士多德哲学和托马斯哲学是彼此隔绝的。"在16世纪和17世纪早期,"卡马乔写道,"一群被法律史家称为'晚期经院哲学家'或'西班牙自然法学派'的神学家和法学家实现了学说的综合。"[13]熊彼特赞同这一判断,并且补充道:"正是在他们的道德神学和法律体系中,经济学即便没有获得其独立性,也至少获得自身的确定性,他们比任何其他群体更近于科学经济学的'奠基者'。"[14]莫斯写道,特别是萨拉曼卡人,他们"对于汇率在不同国家如何变化的一般理论,和解释为何一张汇票在西班牙的某个地区比另一地区更值钱同样感兴趣。贴水(agio)或汇兑溢价是高利贷的证据,从而就商人和贸易者来说是一种不道德的行为,还是一种受基本供求法则支配的'自然'事物?"[15]

这一所谓的萨拉曼卡学派,只不过是被当代学者几乎完全忽视或贬低的丰厚智识传统中的一个事例。基督教经院哲学连贯一致的智识框架不仅在经济学领域,而且也在相关的伦理学和法学领域中余音回荡。因此,政治理论家约翰·奈维尔·菲吉斯(John Neville Figgis)和奥托·冯·基尔克(Otto von Gierke)都借用过16、17世纪荷兰、瑞士、日耳曼和西班牙法学家和伦理学家的种种著作,这些法学家和伦理学家整合了一系列概念,为西方法律传统中的联邦制政治结构、立宪主义、人民主权论、自然法体系和有限政府思想奠定了基础。[16] 源自该时期的相关资源的多样性和丰富性经由新教学者的贡献而得到强调,后者创作了许多意义重大的学术著作,以及更多的时文。许多早期新教的经济学、伦理学和法学的思想,除了反映在其系统的道德神学和哲学中之外,也体现在布道和注释性著作中。荷兰改革教派(the Dutch Reformed)法学思想家约翰斯·阿尔图修斯(Johannes Althusius,1563-1638)是这方面的代表,他对西方法学和政治学传统的贡献日渐受到重视。[17] 在经济学、伦理学和法学经历了长期的与神学的疏离之后,许多经济学家、法学学者、政治理论家和神学家都已发现了在完整的的文化背景——经常是宗教背景——下研究早期近代经济、伦理和法律文本的好处。

关于本译丛

本译丛是发掘早期近代神学关于经济、伦理和法学的思想之矿脉的最新成果。本译丛旨在为经济学家、知识历史学家、道德神学家,以及经济学、经济伦理学、经济史、银行史、政治经济和道德神学领域的研究生,提供一套有用而易懂的早期近代最重要的经济学、伦理学和法学领域的文本选集。诸如马丁·德·阿兹皮尔库埃塔(Martín de Azpilcuet)的 *Commentary on the Resolution of Money*(1556)、路易·德·莫里纳(Luis de Molina)的 *Treatise on Money*(1597)、胡安·德·马里亚纳(Juan de Mariana)的 *Treatise on the Alteration of Money*(1609),以及约翰斯·阿尔图修斯的 *Dicaeologicae*(1617)和吉罗拉莫·赞奇(Girolamo Zanchi)的 *Operum theologicorum*(1619)等大部头著作的节选,第一次以带学术性注疏的中译本面世。出版这些一手文本,主要是希望其能有助于促进对于 16 世纪后半叶、17 世纪初期的神学社群的延续和间断、一致和分歧、创新和破裂的探究。

这些译文(连同那些权威人士所撰写的导言)将向我们展示基督教思想家之绵密和老辣,依此他们从各种忏悔和神学的视角,检验了诸如世俗政府的角色和责任、自然法的存在和功效、高利贷和放贷的伦理,以及在商业活动中以汇票(*cambium per litteras*)替代麻烦而危险的金属货币运送这一新方式等议题,这不仅引发了对利息、信用和国际贸易等问题的新的学术洞见,而且还导向对金融交易和银行实务进行比以往远为全面、综合的分析。这些文本也有讨论类似这样的特殊问题:同样是货币,为何这个地区的货币比另一个地区的更值钱?进而,为何汇率在不同地区之间会波动?借由一些近代早期的非常重要却至今仍被忽视的权威典籍,这些道德和经济方面的思考,连同许多其他思想,详细地呈示贯穿在整个译丛之中。

此外,本译丛还包含了某些当代的重要研究成果,它们非常适合纳入这一针对经济学、伦理学和法学的更为综合、经院式的进路。夏福恩(Chafuen)的《信仰与自由》是对晚期经院哲学家经济思想的系统考查,有助于人们了解这些重要思想家所共有的基础理念,以及其与晚近经济理论的互动。格特鲁德·希梅尔法布(Gertrude Himmelfarb)的《阿克顿勋爵:对良心和政治的研究》则扼要评述了19世纪英国历史学家、政治家和作家约翰·艾米里克·爱德华·达尔贝格-阿克顿勋爵(Lord John Emerich Edward Dalberg-Acton, 1834 - 1902),后者因其格言"权力导致腐败,绝对的权力导致绝对的腐败",以及关于自由史的权威论文而举世闻名。由此,本译丛将力图为历史学家和那些想对当代经济学、伦理学和法学思想进行整合的人,提供宝贵的相关资源。

乔丹·J.巴勒(Jordan J. Ballor)

斯蒂芬·J.格拉比尔(Stephen J. Grabill)

注释：

1. Mark Blaug, *Economic Theory in Retrospect*, 5th ed. (Cambridge：Cambridge University Press, 1997), 29.

2. Ibid. , 31.

3. James E. Alvey, "The Secret, Natural Theological Foundation of Adam Smith's Work," *Journal of Markets & Morality* 7, no. 2 (Fall 2004)：335 - 361. 亦见 Paul Oslington, ed. , *Adam Smith as Theologian* (New York：Routledge, 2011).

4. "从分析的和术语的角度来看，"朗格霍姆写道，"我们可以发现经院哲学的许多思想依然存活在现代经济学中。这没什么可大惊小怪的，因为(至少从仅限于西方文明的角度来观察)对于延续至今的社会关系的系统分析论证方法的基础，正是在中世纪的鼎盛期奠定的。有时，比如就市场价格的公平性而言，指出支持着某种一成不变教义的道德基础发生了微妙的变化，可以说是切中肯綮的。此外，只要相关学说像在论及有息借贷问题时发生根本变化，持续争论发起者的美名仍可归于经院哲学家。由此可见，许多旧瓶本是可以装新酒的。问题在于中世纪学派对此为何完全缺乏发酵的准备，这是需要长篇大论而非寥寥数行来解答的论题。事实上，有关这一论题的著作已有不少，其中一些受到了马克斯·韦伯关于宗教和资本主义关系的思想的启发。为简单起见，让我们回想一下经院哲学的经济学所依据的三个智识传统。首先是圣经和教父的传统，强调个体责任。其二是当下重新发现的罗马法传统，强调个体权利。这两大传统在托马斯式的综合中，依靠亚里士多德的社会哲学作为第三支点，获得了短暂而不稳固的平衡。"参见 Odd Langholm, "Scholastic Economics," in *Pre-Classical Economic Thought*：*From the Greeks to the Scottish Enlightenment*, ed. S. Todd Lowry (Boston/Dordrecht/Lancaster：Kluwer Academic Publishers, 1987), 132 - 133。

5. 参见 Chris L. Firestone and Nathan Jacobs, eds. , *The Persistence of the Sacred in Modern Thought* (Notre Dame：University of Notre Dame Press, 2011).

6. 转引自 Edwin Arthur Burtt, *The Metaphysical Foundations of Modern Science* (Garden City, NJ：Doubleday Anchor Books, 1954), 20.

7. Francis Oakley, *Natural Law*, *Laws of Nature*, *Natural Rights*：*Continuity and Discontinuity in the History of Ideas* (New York and London：Continuum, 2005), 9.

8. Oakley, *Natural Law*, *Laws of Nature*, *Natural Rights*, 13 - 34. 亦见以下作品中的各样文章：Oakley's *Politics and Eternity*：*Studies in the History of Medieval and Early-Modern Political Thought* (Leiden：Brill,

1999）；Oakley, *Omnipotence, Covenant, and Order: An Excursion in the History of Ideas from Abelard to Leibniz* (Ithaca: Cornell University Press, 1984); Oakley, *Kingship: The Politics of Enchantment* (Oxford: Blackwell Publishing, 2006）；以及 William J. Courtenay, *Covenant and Causality in Medieval Thought: Studies in Philosophy, Theology, and Economic Practice* (London: Variorum Reprints, 1984）.

9. 关于当代经济思想中的历史与实证主义的宽泛论述，参见 John D. Mueller, *Redeeming Economics: Rediscovering the Missing Element* (Wilmington, DE: ISI Books, 2010）。亦见 Jeffrey T. Young, *Economics as a Moral Science: The Political Economy of Adam Smith* (Cheltenham, UK: Edward Elgar, 1997）; Alvey, "A Short History of Economics as a Moral Science," *Journal of Markets & Morality* 2, no. 1 (Spring 1999): 53 – 73; Ricardo F. Crespo, "Is Economics a Moral Science," *Journal of Markets & Morality* 1, no. 2 (Fall 1998): 201 – 211; Peter J. Boettke, "Is Economics a Moral Science? A Response to Ricardo F. Crespo," *Journal of Markets & Morality* 1, no. 2 (Fall 1998): 212 – 219; 以及 Crespo, "Is Economics a Moral Science? A Response to Peter J. Boettke," *Journal of Markets & Morality* 1, no. 2 (Fall 1998): 220 – 225.

10. Alvey, "A Short History of Economics as a Moral Science," 53.

11. Francisco Gómez Camacho, "Later Scholastics: Spanish Economic Thought in the XVIth and XVIIth Centuries," in *Ancient and Medieval Economic Ideas and Concepts of Social Justice*, ed. S. Todd Lowry and Barry Gordon (Leiden and New York: Brill, 1998), 503.

12. Camacho, "Later Scholastics: Spanish Economic Thought in the XVIth and XVIIth Centuries," 503.

13. ibid.

14. Joseph Schumpeter, *History of Economic Analysis*, ed. Elizabeth Booty Schumpeter (Oxford: Oxford University Press, 1954), 97. 他随即接下去写道，"不仅如此，显然他们为一套有用而浑然一体的分析工具和命题所奠定的基础，比后来的类似工作要稳固得多，也就是说，后来的19世纪的相当一部分经济学本可以在这些基础上更快更容易地发展起来，这同样意味着，某些后来的工作实际上是走了费时费力的弯路了"。

15. Laurence S. Moss, "Introduction," in *Economic Thought in Spain: Selected Essays of Marjorie Grice-Hutchinson*, ed. Laurence S. Moss and Christopher K. Ryan (Brookfield, VT: Edward Elgar, 1993), xv.

16. 尤其是关于约翰斯·阿尔图修斯，见 Otto von Gierke, *The Development of*

Political Theory, trans. Bernard Freyd（New York：Howard Fertig, 1966），70；以及 John Neville Figgis, *Studies of Political Thought：From Gerson to Grotius*, 1414 – 1625（Cambridge：Cambridge University Press, 1907），175 – 185。

17. 比如，参见 John Witte Jr. , "A Demonstrative Theory of Natural Law：Johannes Althusius and the Rise of Calvinist Jurisprudence," *Ecclesiastical Law Journal* 11, no. 3（2009）：248 – 265；以及 Thomas O. Hueglin, *Early Modern Concepts for a Late Medieval World：Althusius on Community and Federalism*（Waterloo, Ont. ：Wilfrid Laurier University Press, 1999）。

译者说明

本书是根据《论一般法律》和《〈法学大全〉选集》的英译本译出。现就翻译过程的若干技术处理说明如下：

1. 英译本中,《〈法学大全〉选集》在《论一般法律》之前,考虑到赞奇对于阿尔图修斯理论的启发意义,中译本将《论一般法律》置于《〈法学大全〉选集》之前。

2.《论一般法律》英译本目录中"神法"之后即为"论犹太国家的法律",但是正文中"神法"一章之后还有"论第一种神法""论圣灵的法律"以及"论摩西的法律"三章,中译本按照正文调整目录。

3.《论一般法律》英译本涉及的《圣经》原文在中译本中根据《圣经》中文和合本译出。

4.《〈法学大全〉选集》相关概念术语的拉丁文在英译本中为脚注,中译本改为正文,以括号内斜体字标识;英译本将注释文献置于正文中,以括号和字母编号两种方式标识,为阅读方便,中译本统一改为尾注。

此外,感谢张长绵博士、杨天江博士、康宁博士在本书所涉拉丁语翻译过程中给予的帮助。感谢徐震宇博士在《圣经》相关内容翻译过程中给予的帮助。本书翻译的耗时远超预期,感谢黄韬先生、王笑红博士以及江南慧老师为译著出版付出的辛劳。希望读者多提意见(我的邮箱wangjing@ecupl.edu.cn),让译本日臻精良。

王　婧

2018 年 3 月 28 日

总 目 录 C O N T E N T S

论一般法律

D. 希罗尼穆斯·赞奇（D. Hieronymus Zanchi） **著**

杰弗里·J. 文斯特拉（Jeffrey J. Veenstra） **英译**

斯蒂芬·J. 格拉比尔（Stephen J. Grabill） **撰写导论**

目 录 CONTENTS

导　论

　　克里斯托弗·伯奇尔(Christopher Burchill)对赞奇历史地位的评价非常看重赞奇对新教神学的贡献:"吉罗拉莫·赞奇(Girolamo Zanchi, 1516-1590)是没有正式组织但很有影响的意大利难民团体的成员,这些离散的难民由于宗教裁判所的活动,在约翰·加尔文(John Calvin)去世后的几十年间是影响改革宗神学(Reformed theology)的主要因素。"[1]然而,和伯奇尔不同,现代神学史学家并不愿意称颂加尔文的继承者在改革宗神学发展过程中的作用。加尔文的研究者,直到非常晚近,依然试图用加尔文的理论学说反对他后来的改革宗继承者。[2]他们的主张是,相较于加尔文神学更加训诂和忏悔性的特征,继承者的教义过于"学术化"和"理性化"。随着对改革宗正统教义时期的研究在过去 20 年的进步,原来对教义的轻视态度,诸如"僵死的"、"枯燥的"、"刻板的"、"抽象的",在二手文献中已经被颠覆。[3]

　　后宗教改革时代改革宗神学发展研究领域的顶尖学者之一——理查·穆勒(Richard Muller)认为,用来指称 16 世纪晚期和 17 世纪改革宗正统教义神学体系的术语**经院哲学**(scholasticism),描述了一种阐释学说的**方法**(method),而非一个预先确定教义**内容**(content)的思想流派。他将经院哲学定义为"神学的技术和逻辑进路,这种神学是一门典型体现了 12 世纪晚期到 17 世纪神学体系特征的学科……这种进路并不必然与任何特定的哲学观点相关联……也不（被）代表体系化地依附于或者聚焦于任何特定的学说或概念作为神学体系的关键"。[4] 此外，以这种方式辨识经院哲学的学者们越来越意识到，宗教改革者及其后继者们维系的、基督教神学的教父时代和中世纪时代在学说和哲学表述之间的这种连续性——以及不连续性。对那些对赞奇的神学感兴趣的人而言，这一点必定是正确的。

赞奇最为人所铭记的是他在表达和捍卫改革宗学说的过程中对经院哲学方法的运用，这很大程度上归功于奥托·格伦德勒（Otto Gründler）[5] 和约翰·帕特里克·唐纳利（John Patrick Donnelly, SJ）[6] 的研究。尤其是，唐纳利让人注意到了这一事实：改革宗经院哲学早期的重要人物是西奥多·贝扎（Theodore Beza，1519－1605）、皮特·马特·弗米格里（Peter Martyr Vermigli，1499－1562）以及吉罗拉莫·赞奇。尽管在上述每位神学家身上，对于亚里士多德的逻辑学和托马斯哲学的运用都清晰可辨，唐纳利依然认为赞奇是他所谓的"加尔文托马斯主义"（Calvinist Thomism）的最佳代表，这意味着依据神学的内容赞奇是一位加尔文主义者，而依据哲学和方法论赞奇是一位托马斯主义者。为了了解赞奇对于改革宗神学发展的贡献，有必要简要介绍其生平和著作。[7]

1516 年 2 月 2 日，赞奇出生于意大利北部靠近贝加莫（Bergamo）的城市阿拉扎诺（Alazano）。14 岁时，因为父母去世而进入当地的修道院，成为奥古斯丁修会修士（the Augustinian Order of Regular Canons）。青年时期，他与马西利连诺·塞尔索·马丁恩哥（Massililiano Celso Martinengo，1515－1557）结下了深厚的友谊，后者后来逃离了意大利，成为在日内瓦的意大利被流放会众的牧师，并在 1541 年春天和赞奇一起辗转至卢卡（Lucca）的圣弗雷迪亚诺（San Frediano）修道院。在那里，两个年轻人受到了新来的修道院院长——皮特·马特·弗米格里——的影响，弗米格里最终将成为意大利最有名和最有影响力的改革宗成员。

在马特的引领和辅导下,赞奇开始每天读经,逐渐熟悉了改革宗主要人物的著作,诸如马丁·布策(Martin Bucer,1491－1551)、菲利普·梅兰克森（Philip Melancthon，1497－1560）、海因里希·布林格(Heinrich Bullinger,1504－1575)和约翰·加尔文(1509－1564)。就是在这个时期,尽管依然居住在圣弗雷迪亚诺修道院,赞奇写作了约翰·加尔文《要义》（*Institutes*）的摘要,命名为《基督教教义概要》(*Compendium praecipuorum capitum doctrinae Christianae*)。

1542 年,在到达卢卡仅 15 个月之后,马特逃到了日内瓦以躲避宗教裁判所的火刑。然而,赞奇和马丁恩哥作为尼哥底母派(Nicodemites)或者信仰加尔文主义的秘密成员(crypto-Calvinists)继续留在了修道院,各自教授神学和希腊语。最后,在 1551 年,在马特突然离开近 10 年之后,马丁恩哥在当年 10 月逃到了日内瓦,赞奇逃到了巴塞尔。离开意大利之后,赞奇的游历使他接触了很多宗教改革的关键人物。他在巴塞尔拜访了沃夫冈·马斯库鲁斯(Wolfgang Musculus),在洛桑(Lausanne)见到了皮埃尔·弗伊特(Pierre Viret),在日内瓦拜访了约翰·加尔文和西奥多·贝扎。他的目标是一路向北穿过英吉利海峡,与正在牛津执教的马特重新会合,但是在实现这一目标之前,他接受了斯特拉斯堡(Strasbourg)首席执政官雅各布·斯特姆(Jakob Sturm)的邀请,成为了约翰·斯特姆(Johann Sturm)教区之下的圣托马斯学院(the College of Saint Thomas)的《旧约》教授。

赞奇在斯特拉斯堡的经历很不太平。在他到达的第一天晚上,他就和该市颇有影响的路德宗牧师约翰·马巴赫(Johann Marbach)起了争论。因此,当 1553 年雅各布·斯特姆去世之后,他着力培养的宗教自由精神也随之消失。马巴赫的目标是将权力的均衡从城市中占统治地位的改革宗方向转换到路德宗上。因此,他利用圣托马斯学院全体宗教人员(the collegiate Chapter of Saint Thomas)首脑的权力,作出决定要求所有教授同意路德宗的《奥斯堡信条》（*Augsburg Confession*）。可以想见,赞奇拒绝签字认可。

　　尽管如此,1553 年 10 月 30 日,因为玛丽继承王位,马特被迫逃离英格兰,那时他回到了斯特拉斯堡,圣托马斯学院为他提供了教职,条件是签字认可《奥斯堡信条》。12 月,马特决定他可以秉承善意接受上述条件,但是附带一项要求,即这份文件需要被"正确而有益地理解"。赞奇如法炮制,也以类似的托词勉强签了字。可以理解,马巴赫并不满意;因此,在接下来的三年中,他竭力推动城市转向路德宗。1556 年,马特觉得不可能继续待下去了,他离开了斯特拉斯堡,接替康拉德·佩利坎(Conrad Pellican)在苏黎世(Zurich)作希伯来语教授。在 1561 年,对赞奇而言,斯特拉斯堡的动荡到了一个重要节点:马巴赫向约翰·斯特姆就圣餐、宿命论和自由意志的学说指控赞奇。斯特姆最终将这件事交给了城市的政务官,但是赞奇被宣布没有任何所谓的异端罪行。然而,到 1563 年,赞奇和同事之间的分歧如此之大,以至于他接受邀请成为格劳宾登州(Grisons)基亚文纳市(Chiavenna)的意大利新教会众的牧师。

　　但是,即使在基亚文纳市,赞奇依然没有摆脱争议。在做牧师仅仅几年之后,瘟疫、反三位一体学说以及派系之争使他接受了国王弗雷德里克三世(Prince Frederick Ⅲ)的邀请,成为海德堡大学神学教授。就是在其生涯的这个阶段(1568 年),赞奇开始创立一个庞大的改革宗神学体系。1572 年,他出版了第一卷论述三位一体学说。紧接着,有关上帝学说的第二卷以及有关创世记学说的第三卷相继出版。他开始了第四卷有关堕落、罪恶和法律的写作,但是到 1576 年 10 月 26 日弗雷德里克三世去世时还没有完成。作为巴拉丁选帝侯(Prince Elector of the Palatinate),弗雷德里克的王位由他的儿子——路德维希四世(Ludwig Ⅳ)继承,后者在父亲刚一去世就试图恢复路德宗在海德堡的统治地位。赞奇放弃了他的计划,被迫逃到诺伊施塔特(Neustadt-ander-Hardt*），在那里约翰·卡齐米尔（Johann Casimir）——巴拉丁伯爵，也是弗雷德里克三世的次子——组建的卡齐米尔学院（Casimirianum）成为改革宗教授们的避难所。

　　1583 年，路德维希去世，宗教观点上支持改革宗的弗雷德里克四世继位。年迈而疲惫的赞奇获邀重返他在海德堡的教职，但是他拒绝了邀请。他决定继续留在诺伊施塔特，约翰·卡齐米尔因为他多年的服务赐予他年金。赞奇的晚年视力日渐衰退，这一点迟滞了他的写作和编辑。1585 年，他在 69 岁的时候完成了《关于基督教信仰》（De religione christiana fides）——一份写给他九个孩子的扩展版的信仰告白。五年之后的 1590 年 11 月 19 日，当时已经完全失明的吉罗拉莫·赞奇在访问海德堡期间平静地去世。他的遗体被安葬在那里的大学教堂中。

　　赞奇对于新教自然法传统的发展贡献巨大，这一点将从他对法律的多种形式的老道处理以及对于经院方法的灵活运用中可以看出。这份评注译自赞奇的《神学著述》（Theological Writings）[8] 第四卷中抽出的单独一章，赞奇在其中提出了与阿奎那的《论法律》（Treatise on Law）分量相当的新教主张。一方面是为了显示赞奇与托马斯主义（Thomism）的某种关联，另一方面是为了表明其神学体系的范围，唐纳利作出了如下富有洞察力的评论：

　　赞奇显然计划仿效圣托马斯的《神学大全》（Summa theologiae）写作一部伟大的新教"大全"。《神学著述》（Operum theologicorum）的前四卷，就像赞奇在海德堡完成它们时那样分处于单独的标题之下，以两倍于圣托马斯的第一部分（Pars prima）和第二部分的前半部（Prima secundae）的篇幅论述了同样的素材。即使赞奇离开海德堡之后未能完成他的"大全"，其彻底性和综合性在 16 世纪的加尔文主义著作中依然难逢敌手。[9]

在阅读赞奇章节的译文时，人们可以立即感到：赞奇不仅频繁地提及托马斯主义的自然法传统、罗马法、教会法、普通法（例如，自然法）以及国家适当的法律（例如，习惯法）、教会和古以色列国家，还有他对于一般法律（law in general）的重视。单在第四卷，他就用了800多拉丁对开页（第10—28章）来阐释法律的各个部分，这部分评注仅翻译了开始的36页。

虽然在赞奇的时代，改革宗神学家利用自然法的程度有差异，但是可以说赞奇的运用非常广泛。事实上，他赋予了自然法与摩西十诫同等的权威，认为它具有同样重要的内容且可以被所有人理解。"因为摩西十诫定义和描述的东西与自然法相同，十诫律条本身也经常被称为'自然法'……必须要提及的是，正如基督是整个摩西律法的实现一样，他也是自然法的实现，因为人类通过律法被判有罪，他们逃到基督那里以求得宽恕。"（21）

尽管阿奎那对赞奇的影响几乎体现于译本的每一页，但是两位神学家表述自然法学说时的侧重点却有所差异。其中一个差异是，赞奇将神的意志（相形之下，阿奎那强调神的智慧）作为永恒法的基础，和每一部良善公平的人法的终极（但未必是最近的）起源和渊源。但是，和阿奎那一样，赞奇承认"神的意志与神的智慧并没有区别"（12）。因此，尽管在侧重点上有明显差异，赞奇依然赞同奥古斯丁的传统（和阿奎那一样），即永恒法最初"存在于上帝，上帝是理性最完美的体现"，理性随后"被赋给人类，我们藉由其支配我们的行动，而且从中得出我们的法律"（5）。因此，赞奇接受了现实主义自然法传统的形而上学和认识论要素，但是作为一名改革宗的道德神学家，他强调保持上帝的荣耀作为正直生活的终极目的（telos）。这一发展的双重线索反映在，例如赞奇对于自然法的定义中（论题8）：

自然法是上帝的意志，所以是有关知道要做什么和不要做什么的神圣规则和原则。它,即有关善与恶、公平与不公平、正直与可耻的知识,由上帝亲自镂刻于所有人的心中,在人类堕落之后同样如此。由于这个原因,我们所有人被普遍教导说,应该做什么行为以及避免什么行为;换言之,做一件事情而不做另一件事情,而且我们知道我们有义务和责任为了上帝的荣耀、我们自己的善以及邻人的福祉而行动,公开和私下都是如此。此外,我们知道,如果我们做了我们不应该做的,或者不做我们应该做的,我们会受到谴责;但是如果我们做了应该做的,不做不应该做的,我们就会得到保护和豁免。

与很多当代的新教神学家的期望相反,赞奇对于托马斯主义自然法传统的批评并非源于阿奎那对于理性或者自然(nature)的看法,而是因为赞奇不同意传统对于《罗马书》第 2 章第 14—15 节的解释。使徒保罗在第 2 章第 15 节中指出,道德法已经写在人心中,赞奇认为,这一段是在教导自然法"并非源于人类腐化的本性,而是源于上帝本身,他出于自己的良善,在人类堕落之后重新将自然法镂刻于人类的头脑和心中,足以保全普遍善(common good)并判决人有罪"(12—13)。因此,对于赞奇而言,自然法不应该被界定为"上帝原初形象的遗迹"或者某种"人类本性中的重要部分"(14),而应该被视为上帝在人类堕落之后直接和普遍"重新镂刻于"头脑中的道德知识。

在结束之前,应该说一下,赞奇对于法律类型的理解尤其影响了改革宗的政治理论家和埃姆登市市政官约翰斯·阿尔图修斯(1557－1638)。在阿尔图修斯《政治方法汇纂》的译者弗雷德里克·卡尼看来,赞奇对于法律的广泛探讨比其他任何事物都有助于推进"阿尔图修斯对于十诫与自然法关系的理解,以及二者与多种国家适当的法律之间关系的理解"。[10] 阿尔图修斯认为,统治者应该在审慎的基础上管理共同体(commonwealth),这既涉及到法律知识,也涉及到法律适用于其中的不断变化和视情况而定的情境的知识。"在这一点上,讨论法律,"卡尼评论道,"是对于十诫与自然法关系的延伸探讨,也是对这两者一起作为普通法在形成适用于特定社会的适当法律的作用的探讨。"[11] 赞奇在他所谓的《论法律》(*Treatise on Law*)中对于自然法的积极评价和肯定,在阿尔图修斯的生活和工作中结出了丰硕的果实,在卡尼看来,阿尔图修斯"相当热情地赞美一个人所拥有的、关于向上帝和邻人承担的职责的自然知识"。[12]

斯蒂芬·J.格拉比尔(Stephen J. Grabill)

注释:

1. Christopher J. Burchill, "Girolamo Zanchi: Portrait of A Reformed Theologian and His Work," *Sixteenth-Century Journal* 15, no. 2 (1984): 185.

2. 参见 Basil Hall, "Calvin Against the Calvinists," in *John Calvin*, ed. G. E. Duffield (Grand Rapids, MI: Eerdmans, 1966), 12 – 37; 以及 Brian G. Armstrong, *Calvinism and the Amyraut Heresy: Protestant Scholasticism and Humanism in Seventeenth-Century France* (Madison: University of Wisconsin Press, 1969)。

3. 对这种日益增长的知识的重要贡献的简要列举,参考下列书目:Richard A. Muller, *Post-Reformation Reformed Dogmatics*, 2 vols. (Grand Rapids, MI: Baker Book House, 1987, 1993); "Calvin and the 'Calvinists': Assessing Continuities and Discontinuities Between the Reformation and Orthodoxy: Parts I and II," *Calvin Theological Journal* 30, no. 2 (November 1995): 345 – 375 and 31, no. 1 (April 1996): 125 – 160; John Platt, *Reformed Thought and Scholasticism: The Arguments for the Existence of God in Dutch Theology*, 1575 – 1650 (Leiden: E. J. Brill, 1982); Carl R. Trueman and R. S. Clark, eds., *Protestant Scholasticism: Essays in Reassessment* (Carlisle, UK: Paternoster Press, 1999); 以及 Willem J. van Asselt and Eef Dekker, eds., *Reformation and Scholasticism: An Ecumenical Enterprise* (Grand Rapids, MI: Baker Book House, 2001)。

4. Muller, *Post-Reformation Reformed Dogmatics*, 1,18.

5. "Thomism and Calvinism in the Theology of Girolamo Zanchi (1516 – 1590)" (PhD, diss., Princeton Theological Seminary, 1961); "The Influence of

Thomas Aquinas upon the Theology of Girolamo Zanchi（1516 - 1590），" in *Studies in Medieval Culture*，ed. John R. Sommerfeldt（Kalamazoo，MI：Western Michigan University，1964）：102 - 117；以及 *Die Gotteslehre Girolamo Zanchi und ihre Bedeutung für seine Lehre von der Pradestination*（Neukirchen-Vluyn：Neukirchener Verlag，1965）。

6. *Calvinism and Scholasticism in Vermigli's Doctrine of Man and Grace*（Leiden：E. J. Brill，1976）；"Calvinist Thomism，" *Viator：Medieval and Renaissance Studies* 7（1976）：441 - 455；以及 "Italian Influences on the Development of Calvinist Scholasticism，" *Sixteenth-Century Journal* 7，no. 1（April 1976）：81 - 101.

7. 帕特里克 J. 欧班尼安（Patrick J. O'Banion）已经对赞奇的生活和工作进行了出色的总结，我在下面的段落中大量引用。欧班尼安总结的全文参见 *www. geocities. com / jerome_zanchi / Zanchius_Life. html*。有关赞奇自传的进一步信息，参见 Charles Schmidt，"Girolamo Zanchi，" *Studium und Kritiken* 32（1859）：625 - 708；Joseph H. Tylenda，SJ，"Girolamo Zanchi and John Calvin：A Study in Discipleship as Seen Through Their Correspondence，" *Calvin Theological Journal* 10，no. 2（November 1975）：101 - 141；以及 Burchill，"Girolamo Zanchi，" 185 - 207。

8. 这份评注是第十章的译文。注释的全文是：D. Hieronymi Zanchi，*Operum theologicorum*，tome 4，*De primi hominis lapsu，de peccato，and de legi Dei*（Genevae：Sumptibus Samuelis Crispini，1617），Cap. X，"De lege in genere，" fols. 185 - 221。他的《神学著述》总共有八卷。

9. "Calvinist Thomism，" 444.

10. Frederick S. Carney，"Translator's Introduction，" in *Politica：An Abridged Translation of Politics Methodically Set Forth and Illustrated with Sacred and Profane Examples*，trans. Frederick S. Carney（Indianapolis，IN：Liberty Fund，1995），xxvii.

11. Ibid. ，xxii.

12. Ibid.

第一章 论借以知晓罪恶的法律

要获得关于不同类型罪恶的真实和完整的知识，最为重要的是我关于上帝法律的讨论应当准确。事实上，使徒保罗在《罗马书》（Romans）中写道，"因为律法本是叫人知罪"。[1] 由于这个原因，在讨论包含在十诫中并且以提纲形式揭示给我们的上帝之法时，我应该就法律本身、它的分类和功能说几句。

命题 1

所有良法都有两个主要功能：教导人类什么应该做或者什么不应该做，并且督促和迫使他们做应该做的，不做不应该做的。

我说的是有"两个主要功能"，事实上，法律确实还有其他用途——奖赏、惩罚等等。

这都是不言而喻的，但是同样被"law"的希伯来语和意大利语词汇所阐释。事实上，希伯来语 *torah* 的意思是"教导"，是一个特别恰当的术语来表明上帝之法教导人应该做什么真正良善、公平和正义的事情，不应做什么真正邪恶的事情。

但是意大利语称法律为 *áligando* 或者"有约束力的义务"，在一些人看来，这意味着法律约束人类做一些事情，不做其他事情。他们甚至要求他们的君主受到这些法律的约束，而且他们主张所有社会都受到既定法律的约束和限制。一些人甚至想把 law 这个词翻译成为"索"（bands），²耶和华在《何西阿书》第 11 章中说，他以此牵引着他的子民。*在《诗篇》第 2 章中的"我们要挣开他们的捆绑，脱去他们的绳索"，也被理解为是邪恶的人不希望被神法束缚或羁绊。³如果法律能被正确地称为 áligando，那么这一解释就指向了法律最为重要的功能。法律将真正良善、正直和正义的事物与邪恶、可耻与不义的事物区分开来，并且教导我们应该做一件事情而不做另一件事情。

因此，任何良法都有两种主要和基本的功能：教导什么应该做或什么不应该做，以及命令或者强迫做或者不做这些事情。事实上，这几乎是法律概念本身的基本要素。每一条教导都能让我们理解事物，但却不必然强迫任何人去做任何事情。

命题 2

然而，法律教导和命令的最为重要的事情是，所有人都应该得到应得的东西，服务于他们应该服务的，包括上帝和人类。

这确实是良善的、诚实的、公正的，而且都是正当要求的。优士丁尼的《学说汇纂》定义了作为所有法律基础的正义（justice），说道："正义是恒定一致的要求，即公平地给所有人其应得的东西。"⁴上帝的律法在其第一块和第二块石碑（tablet）中就要求，我们要供奉给上帝单独属于他的东西，并且不拒绝给邻舍他们应得的东西。基督也教导这一点。当基督被问到，有关税收，上帝的律法允许什么不允许什么，他回答道："凯撒的物当归给凯撒，神的物当归给神。"⁵换言之，他说给予子民他们应得的东西。**这是所有法律最重要的东西**（This is the greatest of all laws）。由于这个原因，希腊人称法律为"习惯性的分配"，⁶因为它要求回报所有人

---

* 《圣经》和合本的对照原文为"I led them with cords of kindness，with the bands of love"。——中译者注

其应得的东西,而且因为它为所有人确定了其应当承担的角色和职责。一些法律使得君主对臣民负有义务;另一些法律使得臣民对君主负有义务;一些法律使得臣民的父母对子女负有义务,而另一些法律使得臣民的子女对父母负有义务。这是所有良法的基础——我的意思是,良善、正义和公平必须展示给每一个人。但是,任何拒绝或违背这一理念的行为都是罪恶。

命题 3

所有良法的首要目标都是上帝的荣耀,其次是邻人的、私人的以及非常重要的公共的福祉。

事实上,这毋庸置疑是所有虔诚和真正睿智的教师的观点,它从法律自身的基础中汲取力量。如果法律的基础实际上是公平;也就是说,所有人都得到其应得的东西,那么最公平的莫过于上帝获得所有最高的尊敬和荣耀,我们的邻人获得有益于其身心健康与安乐的东西。那么,可以顺理成章地得出结论,每种良善和正义法律的目标都是上帝的荣耀与人类的福祉,不论公开地,还是私下地。使徒保罗就这一主要目标评价道:"无论作什么"(但是我们应该做自然法和上帝要求我们做的),"都要为荣耀神而行"。[7] 这一劝诫依赖一个普遍的前提,即我们应该以及能够做的一切必须为荣耀神而行。此外,基督就所有的好行为说道,"你们的光也当这样照在人前,叫他们看见你们的好行为,便将荣耀归给你们在天上的父"。[8]

当法律包含对于守法者现在和未来生活的预言时,法律自身就说明了第二个目标。这一好处是服从法律的一部分。同样,当它首先要求我们像爱自己一样爱我们的邻人时,它就教导我们,无论我们对我们的邻人做什么,都应该采取有益于邻人和促进其幸福的方式。如果做不到,我们至少应该关心教会和人类的普遍福祉。采取措施保证法律得以被遵守的统治者,就是出于这个原因而设置的。为什么?正如使徒在《提摩太前书》中说道，"使我们可以敬虔、端正、平安无事地度日"，[9] 在《罗马书》第13章中又言，"因为他是神的用人，是与你有益的"。[10] 现在我们知道所有良法潜在的功能、基础和目标了。

命题 4

过去，所有良法都以良善全能的上帝作为其首要的渊源和源头。

"所有法律都来自于上帝的永恒法。"[11]（西塞罗在他的《论法律》[On the Laws]中得出了同样的结论。）

1. 那么，什么是良法？上帝启示的意志，它教导和命令应该做什么以及不应该做什么。

2. 我们知道不是每个人都能制定法律。君主和统治者能制定。那么，统治者从哪里获得这一权柄？从上帝那里。[12] 因此，谁反对这一权柄，就是反对上帝的安排。当上帝将剑赐予他们时，也同时赋予他们制定法律的权柄、知识以及智慧。

3. 现在，在类型学上，最初的物品（the first item）是随之而来的所有事物的模板。如果人法就是由理性和常识所确立的人类意志，那么上帝的意志就是所有法律的渊源。

4. 而且，如果智慧和所有良善的事物都是天父的光辉，那么所有良法也是来自于他。

5. 因此，《雅各书》正确地写道："设立律法……的，只有一位，就是那能救人也能灭人的。"[13] 所有其他的立法者都来自于这一位；因此，每部法律都源于上帝。

6. 事实上，为了普遍善而管理所有事务是谁的责任呢？难道它不属于所有恩典的源泉、所有人的统治者吗？我要特别提到，法律的目标是上帝的荣耀和每个人的福祉，教会以及整个人类的福祉。

7. 最后，如果你承认世界是由神意（Divine Providence）统治的，那么你一定赞同，统治每一个王国、行省、家庭和共同体的正义的法律，必然来自上帝。奥古斯丁（Augustine）以及后来的阿奎那总结说，起初，永恒法在理性最完美的体现——上帝——那里，上帝凭借这种理性统治世界，并因此成为所有出现的事物的原因。然后，他们认为，这种理性被赋予了人类，通过这种理性，我们支配自己的行为，从中也形成我们的法律。[14]

命题 5

法律是上帝意志神圣和永恒的体现，通过法律，上帝教导说他希望人类做什么和不做什么，并且通过法律，上帝告诫道，为了他自己的荣耀以及人类的利益，私下里特别是公开地，应该做什么或不应该做什么。

法律被确定为永恒的意志和规则，规定什么必须做和不能做，以维护上帝的荣耀和个人的益处以及整个人类的利益，通常由上帝以多种方式揭示给人们，以教导这些事情；换言之，人们应该做的，不应该做的，以及他们有义务承担和推进何种美德。

命题 6

过去，上帝并非总是以同样的方式或对所有人显示其意志，而且今天他也没有这样做。相反，他用一些人特有的方式向他们显示意志，而用不同的方式对待另一些人。对一些人，他以默示的方式显示其意志；对其他人则通过语言——一些是口语，一些是书面语言。

上帝向早期人类显示其意志的方式与向早期人类的子孙、教会以及其他人类显示的方式不同。然而，他会以自己的方式将意志镌刻于所有人的内心，不过他通常不会总是以及在所有人中间口头表述其意志。起初，对他的教会，他像对亚当和犹太人的祖先那样口头告知意志；有时候，他通过其他人传达，要么是天使、神迹，要么是通过普通人，像通过亚当传给他的孩子，或者通过先知和使徒的布道。后来，他通过摩西、先知和使徒在书籍和著述中发声。事实上，上帝从来没有习惯亲自对国家讲话,而只是通过局外人或者那些位于国家内的神启者。他时常为这一目的激发学者和教师,正如他通过梭伦(Solon)、来库古(Lycurgus)、罗慕路斯(Romulus)和纽马(Numa)的法律,或者通过传教士诸如约拿(Jonah)向尼尼微人(Ninevites),其他先知向其他国家,以及使徒向全世界所做的那样。

仔细考虑一下,上帝的意志向其显示的人的区别,以及上帝在显示其意志时喜欢使用的方法之间的区别。法律的主要分类随之产生,即自然的法律、国家的法律和上帝的律法,换言之,自然法、人法和神法。

命题 7

实际上,即使所有公正的法律都来自于上帝,而且为上帝意志的永恒理性所确立,即使在这方面,它们都是神圣的,依然会因为人类的多样性以及这些法律被显示和传播的方法的多样性,而呈现出三种类型:自然法、人法和神法。

在格拉提安的《教令集》(*Decretum*)[15] 中,所有法律要么被归入神法,要么被归入人法。我的分类更好一些,因为它考虑了所有的人以及法律得以传达的每种方法。自然法适用于所有人。事实上,它几乎在人一出生就由上帝亲自镌刻于每个人的内心。神法特别适用于教会,上帝在教会内部已经托付了他的旨意。人法适用于剩下的人们,这些人凭借自己的理性从自然法中推导出他们自己的法令。上帝的教会在遵守上帝的律法时也遵守自然法甚至人法,至少,遵守那些上帝希望教会遵从的法律,因为上帝有时候命令,有时候允许我们不遵守我们的统治者的邪恶法律与习俗。

现在,我们必须审视每种法律,以确定它确切地指什么,以及在何种程度上我们要服从它;换言之,如果我们不遵守它,我们有多罪恶。首先,我将审视自然法。

注释：

1. 《罗马书》3：20，除非另外注明，《圣经》都援引自 NRSV 版。
2. 《何西阿书》11：4。
3. 《诗篇》2：3。
4. Justinian，*Digesta*，1. 1. 10.
5. 《马太福音》22：21。
6. "*nomow vwste to nemein.*"
7. 《哥林多前书》10：31。
8. 《马太福音》5：16。
9. 《提摩太前书》2：2。
10. 《罗马书》13：4a。
11. Augustine，*On Free Will*，1. 1 and 2. 93. 3.
12. 《罗马书》第 13 章。
13. 《雅各书》4：12。
14. Aquinas，*Summa Theologiae*，I-II，91.
15. Gratian，*Decretum*，1. 1.

第二章　论自然法

　　就像术语**自然**（nature）被以不同的方式理解一样，不同的人对自然法的定义也不同。

　　法学家将自然视为所有动物的共同体，而不仅仅是人类的。因此，就像他们在优士丁尼的《学说汇纂》和《法学阶梯》中定义的，他们这样理解自然法："自然法是自然教给所有动物的东西。"[1]他们尤其意指交配、繁殖和抚育幼崽，因为我们能够看到所有动物都自然地为这一法律所约束；换言之，他们生育幼崽。

　　教会法学家和神学家将自然法限定为人类的本性，这样定义它："自然法是普遍适用于所有国家的法律，其在任何地方得到遵守都是因为自然本能而非任何成文法。"[2]法学家用这一定义指称国家法，因为所有人都采用这些法律并受它们引导。其例证包括上帝是什么，应该如何崇拜他，或者与宗教有关的其他事情，以及一个人应该如何服从他的父母或国家，甚或一个人应该如何防止伤害、暴力或任何与防卫和保护自己、家庭与国家相关的东西。

　　因此，法学家包括在国家法中的东西，即人类事务，神学家和教会法学家将其归入自然法。另一方面，《罗马书》中的使徒说起自然法时，将其描述为仅仅涉及人类事务："没有律法（例如《圣经》）的外邦人（Gentiles），若顺着本性行律法上的事……这是显出律法的功用刻在他们的心里。"³ 想必，神法与《圣经》的要求还没有"写在其他动物的心里"。由于这个原因，塞维利亚的依西多尔（Isidore［of Seville］）这样定义自然法："普遍适用于所有人。"⁴ 此外，使徒在《哥林多前书》第11章中甚至将这种观点进一步限缩到特定的人。事实上，他通过诉诸自然法描述了希腊人中一种古老的风俗，即男人留头发而女人剪头发，是可耻的，他这样写道："你们的本性不也指示你们……。"⁵ 事实上，这一希腊风俗从未成为其他民族的风俗。

托马斯·阿奎那（Thomas Aquinas）在讨论自然法时也将术语**自然**限定于人类，但是他依然在"自然法"的标题之下囊括了许多为其他动物甚至是那些缺乏思维能力（intellect）的事物所共享的东西。事实上，他教导说，我们发现的、共同存在于人心中的任何东西都是自然法的一部分。⁶

现在，自然法有三个层次，我依次列举如下：

第一，人们可以保护自身不受任何暴力或伤害。这是所有事物的自然反应。甚至树和植物都尽可能地保护自己免受伤害。从这一本能出发，可以得出包含于国家法的观点，即允许以武力对抗武力。

第二，人类不仅能保护自己，而且能通过生育和教育孩子壮大他们的种族。这一点，我们也和动物一样。因为这种冲动，法学家将婚姻、生育和抚养孩子纳入自然法中。

第三，相较于动物，一种更适合于人类的观念，即人类在善待与其共同生活的人的同时，必须承认他们热爱上帝并且崇拜他，而且他们必须知晓正义和诚实并且自然地归顺它们。

阿奎那进一步指出，美德的每个方面，包括美德本身以及美德的每种行为，都是自然的。他在这里引用了大马士革的约翰（［John of］Damascene）和塞尔维亚的伊西多尔，写道："所有包含在法律和福音书中的东西，即那里所描述的生活方式，尤其是人们应该像期望自己被如何对待那样对待他们的邻人，都属于自然法。"然后，他得出结论："所有邪恶和罪孽都是非自然的。"[7]

他继续写道，由于这个原因，任何违背自然法的法律本质上都是邪恶的，不应该被遵守。而且，他写道，遵守自然法的人依据正义和良善与所有人共同生活。

反之，应该说明的是，当人们在教父们和其他敬神之人的著作中读到这些东西时，不应该对这一点感到困惑，以为这些导师们就和人们现在在缺乏上帝的灵的恶人的著述中看到的一样，并不主张这些关于自然法的事情。（的确，在这些著述中，恶习是自然的，而美德是非自然的。）相反，教父们描绘了自然法在罪恶来到世上之前是什么样的，以及某种程度上在新生儿身上是什么样的。

现在，在世上有罪恶之前，自然法已经被完美地灌输给人类。当上帝的形象融入亚当之时，上帝的意志和做某事不做某事的律令已经和亚当一起被创造出来。因此，在罪恶出现之前，理性的火花已被完美地置于人类当中。然而，人类堕落之后，自然法几乎整个被抹杀了，任何依靠上帝、崇拜上帝，或者关照我们的邻人以及与他们的公正公平关系的法律也都被抹杀了。坚定地代表正义和神圣的完整的上帝形象消失了。人们的思想被彻底蒙蔽，心灵完全堕落和腐化，特别是在那些人类与动物、植物和其他东西共享的事情上。尤其是，人类扭曲了这种本能的自然法：每种生物都知道保护自己是正确和有益的，但是为了保护自己，人们现在急着去做不义之事或使用暴力。

今天，不伤害他人，人就不知道如何保护自己，也不知道能做什么其他的事情。不放纵、不带恶习，我们甚至无法吃喝。因此，我们会看到自然法在其他物种身上比在人类身上更加自然。例如，有一方面的自然法我们与动物共享，并且我们天然承认它是良善和公正的——甚至认为它是第二本性（second nature）：我们通过婚姻、生育和抚养子女等自身的力量维护和扩展人类种族。然而，一个人不知道如何不带恶习和罪恶地做动物可以无过错完成的事情。因此，第一和第二层次的自然法（根据托马斯的划分)在人类中已经极端腐化了;第三层次在人类堕落之后也几乎被整个破坏了——其程度如此之甚,以至于如果我们在一个人身上再次看到一点这方面的自然法,我们必然认为它是由上帝亲自重新整体写入那个人的灵魂之中,就像保罗在《罗马书》中所说的那样。[8] 因为,在自然法所在的地方,即促使我们去知晓和崇拜上帝并且与邻人过公正与友善生活的自然法,另一种法律已经从魔鬼那里爬到我们中间,即罪和隔绝的律法。[9]

这个导论对于正确理解上面引述的、大马士革的约翰和阿奎那有关自然法及其效果的话,理解奥古斯丁和其他教父们的那些话,是有必要的。对于理解我接下来要阐明的观点同样重要。

然后,一些人这样定义自然法:**他们说,自然法是一项普遍原则;因此是由上帝亲自置于人类的内心与头脑中的一项明确规则,以告诫他们应该做什么和不应该做什么。**

此外,他们将"普遍"(common)定义如下:**它是人类共享的知识、判断和知觉(perception),所有无差别地在内心思考自己行为的人通过它谴责或赦免自己。当上帝宣布裁判或将裁判镌刻于人类的内心与头脑中时,这一知觉也是来自于上帝。**这些话非常清楚,很好地诠释了这一主题。

不过,还有其他人更为简洁地定义自然法:

自然法是一道光——在它下面是我们据以辨别对错的理性火花。

最后,第三种定义是这样的:**自然法是所有人一致同意的共享意见,上帝将其镌刻于每个人的内心以确立最有益的风俗。**

运用上文我用过的关于一般法律的分类,以及自然法与其他法律的差别,我给自然法以如下定义:

命题 8

自然法是上帝的意志,所以是有关知晓做什么和不做什么的神的规则和原则。换言之，它是关于好与坏、公平与不公平、正直与可耻的知识，也是人类堕落之后由上帝亲自镌刻于所有人内心的知识。出于这个原因，我们全体普遍被教导说，应该进行什么活动避免什么活动；亦即，做一件事情而不做另一件事情，而且我们知道我们有义务和责任为了上帝的荣耀、我们自己的利益和我们邻人的幸福行事，私下和公开都是如此。此外，我们知道，如果我们做了不应该做的，或者没做我们应该做的，我们会受到谴责；但是如果我们做得正相反，我们会被保护和赦免。

这是一个冗长但却充分而完整的定义。几乎每一部分都源于我前面有关一般法律的论断。因此简单过一遍就够了。

I. 我将自然法称为**上帝的意志**，因为它是所有正义的基础，因此是所有公正行为的规则。

所以，为了更好地解释这一点，我另外增加了一条，选自一般法律的第二个定义，我写道："所以是为正确……行为的神的规则和原则。"的确，神的意志无法与神的智慧分开，因此被正确地称为"正确地做所有事情的规则和原则"。这是囊括了所有良法的完整定义。

II. 接下来，我用了两种差异来区分自然法和其他法律。首先就是这种法律已经被镌刻于所有人的内心，因为它是由上帝亲自做的。这一点我已经说过。

此外，我补充道，这种法律**也在人类堕落之后……被镌刻于人的内心**，以表明两件事情：一是，正如前文所述，在人类堕落之前它也曾被镌刻，甚至可能与亚当一起被创造出来；二是，人类堕落之后，因为罪恶，它几乎完全被抹杀和湮灭，如果它的任何部分后来见诸人类内心，也不是来自盲从和堕落的本性。相反，是由上帝出于良善重新将其镌刻并使其铭记于我们的内心。因此，它被称为"自然法"与其说是因为它是从亚当那里自然地传至我们（的确，就像我早前说过的那样，面对真正的良善，我们本性上是盲从和堕落的），还不如说是因为上帝通过将某些一般、自然的原则，如崇拜、良善、公平和诚实，如此深刻地镌刻进我们的灵魂，以至于它们看起来是我们天生和自然就有的。

这里有一些证据：

1. 当使徒在《罗马书》中写到"外邦人……虽然没有律法（即，他们没有一部成文法律），自己就是自己的律法"[10] 时，没有人会认为他们天生就拥有这种法律。相反，有人会解释，他们自己如何成为自己的律法，因为，当然"这是显出律法的功用刻在他们心里"。[11] 这种法律并非天生固有或者造人时一起被创造的，而是被写在他们内心。谁写的？当然是上帝。事实上，在我们的内心撰写是上帝独有的特权，正如他在《耶利米书》中就他写进选民内心的新约所做的承诺。[12] 因此这种法律并非源于腐化的人类本性，而是源于上帝本身，他出于自己的良善，在人类堕落之后重新将其镌刻于人类的头脑和内心中，其足以保护普遍的善德和定人类的罪。除此之外，当某人知晓上帝时，必须崇拜上帝，这是自然法的一部分。国家从哪里得到这一法律？从上帝本身，就像保罗在《罗马书》第 1 章第 19 节写道，"神已经给他们显明"。

2. 另外，《圣经》中很多篇章都指出，堕落之后，人心变得彻底邪恶、任性和好色。《创世记》第 8 章中说，"人从小时心里怀着恶念"。[13]《耶利米书》第 17 章中说，"人心比万物都诡诈"。[14]《约翰福音》第 3 章写道，"从肉身生的，就是肉身"。[15] 甚至使徒保罗在《哥林多前书》第 2 章写道，"属血气的人不领会神圣灵的事"，[16] 还有《罗马书》第 7 章中，他用了不同的说法："我也知道在我里头，就是我肉体之中，没有良善。"[17] 但是，自然法，作为理性的原则，是良善、神圣和灵性的事物。因此，它必须来自于自然之外的某个地方，换言之，它必须，正如我说过的，来自于上帝。

3. 接下来，如果它来自自然，那么它将平等地存在于所有人中间；因为那些自然地为所有人分享的事物平等地存在于所有人中间。然而，在不同的人中间，我们看到一些人更明智、更能献身于正义与诚实并且更加热爱上帝，但是却永远无法找到否认上帝存在、无法区分对错的人。

因此,这是上帝的馈赠,即一些人借着理性和正义的光辉想起上帝,他们因此知道了上帝的存在和应该崇拜上帝,知道了他们必须区分正确与错误、正义与非正义以及诚实与可耻,知道了他们应该用各种方式向善避恶,正如哲学家主张的,以及奥古斯丁在他的论文《驳伯拉纠》(*Against Pelagius*)和著述《上帝之城》(*City of God*)中阐释的,《罗马书》中的正义和美德。

4. 还有,考虑到托马斯·阿奎那和其他更为虔诚的经院哲学家的说法——自由选择凭借其自己的力量根本没有做成任何事情,除了引导人们走向罪恶。然而,人类,即使是不同种族的人,却在自然法的激励下为上帝和他们的邻人去认可、探寻以及践行很多善事,就像保罗在《罗马书》第 2 章第 14、15 节所教导以及为经验所确认的那样。所以,他们相信,自然法确非源于某种自然的本能。**它是上帝的馈赠**。如我早前提到的,他们依然像使徒保罗那样称其为自然法,是因为正义和诚实的原则已经由上帝镌刻于我们的内心,那些神圣之光的星星之火(西塞罗之语)就如天生的和自然的一样出现于我们的心中。

如果你在一些误导性的著述中读到,自然法是上帝原初形象的遗迹,你应该知道的事实是,它并非是通过亚当流传下来的遗迹,而是为上帝出于良善所修复并重新植入我们内心的事物,因为如果那个形象的遗迹是通过亚当流传下来,那么它要么是有罪的,要么是人性的基本组成部分。

事实上,我们没有从亚当那里继承任何东西,除了那些建立人类种族的必要之物——和邪恶;换言之,罪恶和苦难,因为无论我们多么伟大,我们生来依然是可怒之子(the children of wrath)。*

当然,自然法本身**并不**邪恶。它是非常美好的事物——赞扬善,谴责恶,与上帝的成文法一致。它也不是人性的基本组成部分,因为即使

---

* 参见《以弗所书》2:3。——中译者注

没有自然法（当然，因为它依赖于那些属于上帝的事物，依赖于在人类中间正义和诚实的维护），一个人也不会不再属于人类。

III. 自然法有三种可以辨识的功能。

第一，它教导我们什么是好的（good）、坏的、公正的、不公正的、正直的、可耻的，以及因此我们应该追求什么、避免什么。简言之，自然法仅仅将我们心中那些良善和正义的一般原则联结在一起。

第二，它不仅教导，而且迫使和推动我们行善，保护我们免受邪恶伤害。

第三，那么，顺理成章地，如果我们忽视我们的责任，它就定我们的罪并谴责我们，但是如果我们没有忘记那些原则，它会守护我们。

使徒在《罗马书》第2章中明确而简洁地规定了这些功能。那么，我们的内心多久会谴责我们一次，如约翰所言；我们内心的思想多久会定我们的罪甚或守护我们一次，如保罗所言。这是上帝的事，是他将律法镌刻于我们的内心，就像古人曾经正确地说道："良心是最有力的证人。没有比它更精确的，因为是上帝在说话。"使徒保罗在《提摩太前书》第1章第19节中告诫道，"常存……和无亏的良心"，因为当我们漠视良心时，我们就破坏了我们借以相信上帝的信仰。的确，违背我们的良心是违背从内心教育和指导我们的上帝。同样，上帝渐渐放弃了邪恶之人的内心，就像他在《罗马书》第1章第21、24节中说，外邦人"他们虽然知道神，却不当作神荣耀他……所以，上帝任凭他们逞着心里的情欲行污秽的事"。

IV. 下面要说的是，并非我们在自然本能驱使下做的每件事情都是自然法的一部分。

律法仅仅教导我们什么是善（good），并激励我们去做那些事情。然而，我们从一出生就倾向于恶。因此，我们犯罪与作恶的冲动并非来自于自然法，毋宁说来自于我们内中与自然法相对抗的事物。这种事物是什么？邪恶的玷污、本性的腐化、对良善的仇恨；换言之，我们不道德的欲望。所有这些事物使徒保罗都在一个警句中提到了，那就是《罗马书》第 7 章第 23 节中肢体中的律，"我觉得肢体中另有个律和我心中的律交战，把我掳去叫我附从那肢体中犯罪的律"。因此，他写道，罪恶和死亡都不是来自书写于我们内心和《圣经》中的律法，换言之都不是来自于上帝，而是来自于我们内在的腐化。所以，我们保护自己免受任何暴力侵害，我们追求我们种族的繁衍，我们将自己的种族与动物区分，这些就本性而言是正确的；但是，如果我们在这些事情上作恶，这种恶不是源于自然法而是源于自然法的腐化，即源于肢体中的律。

Ⅴ. 最后，我们还赋予这一法律双重目的，也是为其他法律共享的目标：上帝的荣耀，人类公共和私人的福祉。

这两个目的已经阐释过。我只就我们自己的福祉补充一点：通过教导什么是善并且迫使和激励人们去实现它以让人们变好（就像亚里士多德在他《伦理学》[Ethics]中指出的），这是每种法律的特征。然而，如果他们向恶超过向善，换句话说，法律增加了罪恶，像《罗马书》第 7 章第 10 节中所说的那样，这就是意外。使徒在那段经文中提到成文法和其他法律时再次重申了这一点："那本来叫人活的诫命，反倒叫我死。"所以，正如亚里士多德所言，制定法律以使得人们可以变好，使徒写道，法律是让人活命的；换言之，通过法律我们可以生活——但是是像正直人和好人那样生活。

有三件事情，我早前提到过，是自然法激励我们达成的最高的善：

1. 一种为所有其他生物共有的特点，即我们保护和拯救自己，包括吃、喝、睡觉、休息、活动、吃药、穿衣等等。这一点产生了这些法律：提倡健康的生活方式而拒斥不健康的生活方式，允许以暴制暴等等。

2. 一种所有动物共有的特点，即我们努力繁衍我们的种族，我们花时间孕育和养育孩子，做与其相关的事情；换言之，我们关注家事。

3. 一种适用于所有人的特征，即我们知晓和崇拜上帝，我们维护人类共同体。

自然法的第三个方面通常被分成两个标题,就像十诫也是在两块石碑中被流传下来:第一块涉及知晓和崇拜上帝,另一块涉及爱我们的邻人。

第一个标题是:爱和崇拜上帝。事实上,所有民族(nations)都知晓上帝。(《罗马书》第 1 章第 19 节:"神的事情,人所能知道的,原显明在人心里。")他们如何知道呢? 凭借他们自己的努力? 通过自然的力量? 不是的,是因为上帝将这一知识传授进他们的内心。因此,保罗继续说道:"因为神已经向他们显明。"[18] 他们从哪里知晓呢? 从自然之书(the book of nature)中:"自从造天地以来,神的永能和神性是明明可知的,虽是眼不能见,但藉着所造之物就可以晓得,叫人无可推诿。"[19] 事实上,从这一最初原则出发,外邦人传下很多有关知晓和崇拜上帝的事情。使徒在亚略巴古(Areopagus)* 的布道中提到了这一点。[20] 他还说道:"如果上帝在我们心中,就像歌中所言,你必定以纯洁的心去赞美他。"因此,使徒正确地控诉与谴责了外邦人:"因为他们虽然知道神,却不当作神荣耀他。"[21] 因此,在外邦人中发生了不信仰任何宗教的人被当作罪犯的事情。

自然法第三方面的第二个标题或者因素是:"维护人类中间的友谊和善意;换言之,不对另一个人做你不想他人对你做的事,反之亦然。"现在所有民族都意识到,与同类即与人类的友谊必须被当作神圣之物培育,而且不应该对他人做不想他人对自己做的事。事实上,友谊(fellowship)和友情(friendship)仅仅是伤害就可以破坏,而心灵(spirits)只有忠诚和善意的行为才能抚慰。因此,自然教导我们不应该伤害任何人,相反,我

---

* 又称为"战神阿瑞斯之石山",是位于雅典西北的一座石山,是雅典城邦的最高刑事法庭。——中译者注

们所有人都应该善良、忠诚和温和,这些是适合于人的美德,而冷酷、好争吵、不忠诚和造成损害则是违反自然的罪恶。基督将第二块石碑上的所有诫命归结为对邻人的爱时,他自己首先确认了自然法的这一标题,那时他说,"因此,对他人做你希望他人对你做的事情。"所以,我们看到,基督确认了上帝甚至书写于外邦人心中的东西。事实上,它也曾是外邦人的法律——塞维鲁皇帝(Emperor Severus)* 的话被到处聆听和题写:"不对另一个人做你不想他人对你做的事。"从这一自然法的第二要素出发推导出的其他法律,被写进几乎每一个人心中:正直生活,不伤害他人,让每个人各得其所,保持忠诚;以及其他世俗作者的作品中列出的其他类似的法律。

现在,让我再补充一些论题以继续我对自然法定义的讨论。

命题 9

即使自然法被镌刻在每个人心中,然而上帝常常按照自己的愿望不平等地镌刻它:在一些人心中更深刻和精辟,在其他人心中不那么深刻和精辟。

他给一些人镌刻得更深刻是因为,并非所有人都同等地拥有我刚刚提到的两个主要因素。相反,一些人能比其他人更好地理解它们。例如:

没有种族会如此野蛮,没有哲学会如此粗鄙,以至于这一信仰不会占据其思想:上帝是存在的,上帝应该受到崇拜。这一信仰为所有人共享。然而,应该如何崇拜上帝还没有被所有人以同样的方式意识到。一些人认为,应该在精神领域、用心而非形象崇拜上帝,因为上帝**是**灵。另一些人认为,必须通过偶像和公共仪式崇拜上帝,因为他们认为上帝是有形的。当然,西塞罗比很多其他罗马人更接近真相,因为在他的《论神性》(On the Nature of the Gods)中就崇拜上帝写下了这样的文字:"这种

---

* 原名 Septimius Severus(145－211),193—211 年担任罗马帝国皇帝。——中译者注

对于神的崇拜是至善，也是最为神圣的，是最纯洁的虔诚，因此我们总是用纯净的、全部的、未受玷污的心灵和声音崇敬上帝。"

自然法也教导早先的罗马人说，因为上帝是灵，他必定无法用偶像来代表或者进行崇拜，这是自罗马城建立以来延续了170年的信仰。然而，自然法的这一部分在罗马人的后代中失传了，他们判定若没有某种肖像则根本无法真正崇拜上帝。普鲁塔克（Plutarch）在他的《努马传》（*Life of Numa*）中记载了这一点，瓦罗（Varro）也记载了这一点，并为奥古斯丁的《上帝之城》所引用。[22]

立誓对罗马人也是禁忌，因为对他们而言，上帝的名字是神圣的。尽管如此，对很多蛮族人而言，立誓并不重要，因为他们没有意识到这是在冒犯上帝。这一点也可以从第一种要素中推导出来。

现在，自然法向所有人揭示的另一个要素是必须保护人类的友谊。但是，并不是所有人都同样知道从这一原则必然能推导出来的事情。事实上，有多少民族不认为欺诈、偷窃和抢劫是恶行？其实，斯巴达人（Spartans）就认为偷窃是好的和善的，而罗马人则严厉惩罚这种行为。同样地，有多少民族赞扬说谎？一些人的确谴责它是与人类不相称的行为。事实上，罗马人曾将一位作伪证的人扔下了塔尔珀伊亚岩石（Tarpeian Rock）。* 所有为自然法教导的人都知道，必须保持行为适当，尤其是在婚姻中，然而，有多少人曾被发现并不认为兄妹之间、祖孙之间、继父和继女之间，或任何其他亲属或亲戚之间的性关系是错误的？无疑，迦南人（Canaanites）就是这种人，就像在《利未记》第18章[23]中看到的那样。但是，有关这种行为的知识被更多地赋予了罗马人。由于这个原因，他们有关非法婚姻的法律总是获得基督徒们虔诚的尊敬，以至于罗马人认为淫秽的东西他们也一定认为是淫秽的，罗马人不认为是淫秽

---

* 罗马卡皮托拉山（Capitoline Hill）南峰峭壁上的一块岩石，古罗马共和国时期，被判定犯有谋杀罪、叛国罪、伪证罪、盗窃罪的人在这里被掷下处死。——中译者注

的东西,基督徒们也不将其斥为淫秽之物。

所以,自然法显然没有被平等地写进每个人的心中,而是在一些人心中多些,在其他人心中少些。当然,所有人都知道应该保持良好与适当的行为。然而,关于男人留发以及女人剪发,虽然波斯人(Persians)不认为可耻,但是对很多其他人——特别是希腊人——而言是可耻的。因此,使徒在《哥林多前书》第 11 章第 14—15 节将这一点称为"自然法"。

同样,这一法律显然在一些人中被更有效地移植和灌输,在其他人中则不那么有效,因为很多人即使知道自然法但依然蔑视它。其他人则努力地保持这些东西,以至于他们在追求这些东西的过程中勤奋地思考,而且一直思考到今天。这一点不证自明,刚才提及的例证也充分地确认了这一点。因此,这第 9 个命题表明,自然法过去未曾被平等地镌刻进所有人的心中,今天也没有,虽然在选民心中,自然法当然总是得到更充分和更有效的书写,就像耶和华在《耶利米书》中承诺的那样。[24]

由此可见,如果我们看预设而不看结论或适用的话,自然法在所有民族中是完全一样的。

命题 10

这种法律在人心中印象深刻,所以它不能被任何人改变或从心中完全抹杀掉。

其论证是这样的:上帝希望所有人心中的法律是相同的,借此,如果他们作恶,总是会被定罪,甚至是死罪,如果他们行为正当,就会得到宽恕。在这里,使徒在《罗马书》中写道,律法要求的已经在各族中间写下,各族人凭借美德控诉或守护自己,接着当使徒说"神震怒,显他公义审判的日子来到"[25] 时,他主张自然法的某些踪迹得以幸存。所以,奥古斯丁也在他的《忏悔录》(Confessions)中写道:"你的律法(已经)写入人的心中,邪恶自己不能抹杀它。"[26] 记住,因为亚当的罪恶,自然法已经被破坏,成为一种罪(offense),但是**现在**它不是一部自然法了(it is not one now)。法律最初的原则依然存在,以激起人类的良心。我以同样的方式阐释着这种观念,因为其他地方写着,自然法不是随着时间改变,而是永远不可改变;换言之,它坚守着原初的律令,凭借这些律令,它公正地定人的罪。然而,说起经常从自然法中推导出来的结论,《圣经》表明,当人们被罪恶掌控时,自然法有时就从人心中被抹掉了,正如《罗马书》第1章证实的那样。然而,有必要保持基本原则不可改变。从这一点出发可以推论如下。

命题 11

过去,所有人都依赖自然法,以至于任何违背它的人都被定罪。

使徒在《罗马书》第1章第21节中指控外邦人违背自然法,说道,"因为,他们虽然知道神(例如,通过自然法),却不当作神荣耀他"以及"没有律法的外邦人……自己就是自己的律法"。[27] 在这里,使徒转而论述他指控和谴责这些民族其他的罪;换言之,不服从父母、不义、不道德的性关系*、不诚实、贪婪、仇恨、嫉妒等等。

不过,因为十诫定义和描述了同样被称为自然法的东西,故而十诫本身常被称为"自然法"。所以,我将不在这里阐述违反自然法的罪恶包括什么,因为解释十诫时要做同样的事情。

然而,结束时必须提及的是,正如基督是整个摩西律法的实现一样,基督也是自然法的实现,因为当人类被律法判定有罪时,他们逃到基督那里请求宽恕——就这些事情而言,足够了。

接下来,我们必须从自然法转向人法。事实上,这些法律是通过人类理性从自然法中推导出来的,因此来自于上帝的特别启示。

---

* 原文为"sexual immortality",似乎应作为"sexual immorality"。——中译者注

注释：

1. *Digest*，1.1.1.3；*Institutions*，1.2.

2. Gratian，*Decretum*，1.7.

3. 《罗马书》2：14－15。

4. Aquinas，*Summa Theologiae*，I-II，94，4.

5. 《哥林多前书》11：14－15。

6. Aquinas，*Summa Theologiae*，I-II，94，2.

7. Aquinas，*Summa Theologiae*，I-II，94，3.

8. 《罗马书》2：15。

9. 《罗马书》7：25。

10. 《罗马书》2：14。

11. 《罗马书》2：15。

12. 《耶利米书》31：31。

13. 《创世记》8：21。

14. 《耶利米书》17：9。赞奇的文本是"人心是诡诈的"，用 *hominis* 替代了拉丁文
    《圣经》的 *omnium*。

15. 《约翰福音》3：6。

16. 《哥林多前书》2：14。这里赞奇用了 *animalis* 的另一种含义，在新标准修订
    版《圣经》中，*animalis* 被译为"unspiritual"，其另一种翻译是"natural"。

17. 《罗马书》7：18。

18. 《罗马书》1：19。

19. 《罗马书》1：20。

20. 《使徒行传》17：22。

21. 《罗马书》1：21。

22. Augustine，*City of God*，6.4.

23. 《利未记》18：24－30。

24. 《耶利米书》31：31－34。

25. 《罗马书》2：5。

26. Augustine，*Confessions*，2.4.

27. 《罗马书》2：14。

第三章　论人法

当准备探讨人法时,我确实应该首先说明**人法**这一术语的意义以及归入这个术语之下的法律的类型。

我认为人法不仅是通过(through)人类,而且是由(by)人类和人类智慧构想和颁布的法律,不论这一法律是构想自神法、自然法甚或他们自己的头脑。

它们被分成恰当公正的法律和专制的法律。

一方面,恰当公正的法律是由有权的人构想的,从自然法或神法中推出,为了国家或者教会的善和福祉而存在的法律。我还将良好与恰当的习俗归入这些法律中,因为它们也具有法律的效力。

另一方面,专制的法律是那些不具有立法权的人制定的法律,这些人如果确有立法权,则出于自己的欲望并且为了自己的利益追求和改编法律。也是出于这个原因,正如亚里士多德所言,这些法律配不上**法律**这个词。我还将罪恶的人类传统和习俗归入这些法律。

命题 1

因此,除了已经被上帝镌刻在人类心中的自然法之外,人类拥有很多不同的法律是有用和必要的。这些法律被称为"政治法";它们通过睿智和有思想的人传给人们,因此可以保护人们免受邪恶侵害,增进国家的善、福祉和防卫。

这样说有两个原因。第一，自然法虽然已被写在心中，但是仅保留在前述的一般原则中，而且不是所有人都是智慧超群以致能从这些原则中得出特定的结论和法律。所以，即使是国家本身之内，也需要上帝唤起睿智和有思想的人，使其清晰地为他们国家的福祉和防卫从自然法的角度解释他们的法律。

第二，有必要推动人类因为热爱美德、仇恨恶习或惧怕惩罚而避恶行善。

但是，自然法还未如此有效地写进所有人心中，以至于单凭自然法就足以保护人们免受邪恶侵害或推动他们行善。（事实上，它仅在重生的选民中有效，甚至那时也只是部分有效。）它只是教导、倾向以及谴责那些事物；它没有其他外在的惩罚。

因为这个原因，传播外在的法律以及为违法者确立外在的惩罚就有必要了。用这种方式，不为热爱美德所动的人就有可能因为惧怕惩罚而被保护免受邪恶侵害，并为他们的责任所束缚。

使徒在《罗马书》第13章第3—4节中运用了这一观点，他说道，"掌权的……佩剑……刑罚那作恶的"；还在《提摩太前书》中写道，"律法不是为义人设立的，乃是为不法和不服的"，等等。[1]

这一思想，塞尔维亚的伊西多尔在格拉提安的《教令集》中也有叙述："然而，法律已经制定，因此人类的鲁莽可以因为惧怕法律而受到限制，无辜的人可以安全，恶人以及他们的鲁莽和为害的能力可以被有力的惩罚所抑制。"[2]

因此，政治法的实践对于保护人们免受邪恶侵害是有必要的，否则人类社会无法被挽救。

从这一点出发可以得出，正如亚里士多德所言，"就像一个人，如果他德行完备，就是最好的动物，同样，如果背离法律和正义，就是最坏的野兽"。[3] 所以，所有为这一目的制定的政治法都与《圣经》、先知、基督以及《罗马书》第 13 章和《彼得前书》第 2 章⁴ 中使徒的观点一致。

命题 2

此外，所有的政治法就其本质而言都渊源于自然法。

我说"就其本质而言"，是因为公正的法律有两个要素：诫律和对违法者的惩罚。

诫律是自然法某项原则后续的结论。例如，人不应该受到伤害是一条自然法原则，因为人不应该对其他人做他不希望别人对自己做的事情。从这一点出发，睿智的立法者推导出不能杀人、不能撒谎、不能与别人的妻子发生性关系等法律——这就是后续的结论。

因此，一方面，我们都同意所有的政治法就其本质而言都源于自然法。

另一方面，有关惩罚的严重程度，上述主张并非以同样的方式延续。相反，因为自然法仅仅在一般意义上表明犯罪的人必须被惩罚，睿智的人们根据自己的正义与公平感，根据犯罪的严重程度，将自然法教导的一般原则适用和限定为不同的惩罚形式。因此，根据自然法，罪恶应受惩罚是适当的，但是一种罪是否应该——也许是谋杀——用佩剑惩罚，另一种罪应该——也许是轻微的偷窃——用立法者的裁决惩罚？然而，即使在这些惩罚中依然可以发现为所有人共享的某种标准。谋杀通常被惩以死刑。所以，这种来自国家法的惩罚看起来源于自然法。

然而，相比较自然法，这些惩罚更经常、更多地从人法以及立法者的意愿中汲取力量。因此，我们在不同的人中看到不同类型的惩罚。

命题 3

当人法与自然法冲突或矛盾时，人法就被推翻并且不配再被称为法律。

原因显而易见。如果自然法确实是人法的尺度，那么它也是人类行为的规则。因此,每个不符合自然法的行为都是有罪的,同样,每一部不符合自然法的人法也是如此,而且在暴君尤其是罗马教皇在位期间有很多这样的法律,诸如有关禁欲的法律和其他无数被称为"人类传统"的法律(这一点我后面会谈到)。

出于这个原因,奥古斯丁在他的《论自由意志》中正确地指出,不公正的法律不应该被称为法律,法律如果不符合自然法就是不公正的。[5]

此外,因为自然法已经由上帝为他的荣耀和人类的福祉而规定,违背上帝荣誉或者人类幸福的法律是罪恶和专制的,不应该被称为"法律"。

格拉提安《教令集》中有关良法品质的讨论在这里同样适用。[6]

最后,法律与宗教一致,与信仰一致,并且促进安全;换言之,它们不与对上帝的崇拜和善良风俗相冲突,也不阻碍人类安全和公共善。

命题 4

因此,就我们的良心而言,我们对公平政治法的服从不比对自然法少。

这一点显而易见。政治法来源于自然法,而且它们非常公正。它们包含的上帝意志不比其他法律少。因此使徒在《罗马书》第 13 章第 1 节中写道:"在上有权柄的,人人当顺服他。"当我们被统治者的法律掌控与限制时,我们已经受制于有力的约束。基督也在《马太福音》第 22 章第 21 节中说道:"凯撒的物当归给凯撒",在《彼得前书》第 2 章第 13 节中说道,"你们为主的缘故,要顺服人的一切制度(或法令)",他接着补充道,"因为神的旨意原是要你们行善,可以堵住那糊涂无知人的口"。[7]

如果我们服从在上有权柄的是神的意志,那么我们就不能反对那些没有违背神的意志的东西。另有使徒保罗在《以弗所书》第 6 章第 5 节中也这样说:"你们作仆人的,……听从你们肉身的主人,好像听从基督一般。"在《罗马书》第 13 章中,他首先说统治者是从上帝那里接受佩剑的人,[8] 后来他补充道,"所以,你们必须顺服,不但是因为刑罚,也是因为良心"。[9] 为什么因为良心？因为统治者使法律凌驾于我们良心之上？根本不是。《雅各书》第 4 章说道，"设立律法的，事实上只有一位"。因为命令我们服从我们的统治者的人是法律的创立者和征服者。他使得法律凌驾于我们的良心之上。

这就是彼得说我们必须为主的缘故而顺服时的意思。[10]

现在应该说的是，政治法可能公正，也可能不公正。一方面，如果它们公正，将使我们的良心承担义务，这不是因为它们来自于人类，而部分是因为它们来自于我们的良心已经对其承担义务的自然法，部分是因为上帝通过明确的诫命使我们顺服于它们。另一方面，在两种情况下法律可能不公正。

第一，如果法律的发布者没有权力发布这样一道命令，如果拥有这项权力的人规定的事情没有考虑公共善而仅仅为了自己的福祉或愉悦，或者如果制定的法律发出超出人们能力的不公平的命令，那么法律就是不公正的。我是在这一首要条件下说这些法律不公正——即使他们制定的法律没有违背上帝的荣耀和神法，称它们为不公正的法律依然是适宜的。这是人法不公正的第一种方式。

第二，如果法律规定了反对上帝或者其颁布的律法的诫命，那么这个法律就是不公正的。

不论是哪种不公正的方式，不公正的法律都不能使我们的良心承担义务，因为上帝没有用不公正的法律约束我们的良心。

相反，如果它们是第一种语境下的不公正，而且毫无疑问没有使我们的良心承担义务，如果它没有阻止我们爱我们的邻人或者避免所有犯罪，那么依然由我们来决定遵守或者不遵守它们。

基督在《马太福音》第 5 章第 41 节中说道："有人强逼你走一里路，你就同他走二里路。"

但是，如果不公正的法律是第二种语境下的不公正，因为它们强迫我们做有违上帝的荣耀或者违反他的律法的事情，那么我们不仅没有义务遵守它们,而且必须抵制它们。

这是因为我们最初的顺从属于上帝,其次由于上帝的缘故而属于人类。这就是使徒在《使徒行传》第 5 章第 29 节中的话:"顺从神,不顺从人,是应当的。"[11] 托马斯·阿奎那也有类似的结论:

如果法律因为违背神的意旨而不公正,就像暴君的法律让人进行偶像崇拜或者做其他任何违背神法的事情,那么坚决抵制这样的法律就是正确的,因为《使徒行传》第 5 章是这样说的:顺从上帝胜过顺从人。[12] 尽管如此,使徒明确要求每颗心灵顺从在上的权柄,对吗?

我们应该顺从那权柄,因为它源自上帝,但是上帝不希望人类规定的任何事情违背他的律法。因此,如果某种权柄发出违背上帝的命令,那么我们不仅应该拒绝顺从这一在上的权柄,而且我们有义务反抗它。

所以,我们可以看到,这里我们可能有两种犯罪的方式:如果我们没有顺从我们统治者的公正的法律,以及如果我们没有制止他们违背上帝律法的不公正命令。

当义人(the just)不受法律约束而且法律对义人不利时,每颗心灵应该如何,甚至能够如何顺从人法?

法律有两个功能:教导应该做什么和不应该做什么,而且它是行为准则,迫使和敦促顺从它的人守法。

因此,一个人顺从法律可以有两种方式:通过暴力和义务的强迫,或通过训练和规制人们自身行为的自愿。恶人顺从法律以及法律施用于恶人都是按第一种方式,但是法律以第二种方式施用于义人。事实上,那些主动想遵守法律的人不可能是被迫热爱法律,而是自己趋向法律。因此,我们在《提摩太前书》第 1 章第 9 节中读到:"律法不是为义人设立的,乃是为不法……设立的。"义人在法律之内行事,因为他们已经使得法律写进内心。

当君主不顺从他们自己的法律时,每颗心灵应该或者能够如何依然顺从在上的权柄和他们的法律?

他们不顺从自己的法律，仅仅意味着他们不为这些法律所迫，并不意味着他们拥有比最终审判他们的上帝更大的权力。而且，就他们可以通过自己的命令修改或制定自己的法律——他们要看如何有利于国家而言，他们也不被认为比自己的法律更大。

这一点同样写在优士丁尼的《学说汇纂》中："君主免于法律约束。"这里的评注说道，"免于法律；也就是说，法律由没有生活于其权威之下的其他人制定或者书写"。[13]

但是，因为法律是良善行为（good actions）的规则，就公共善而言，君主并非免于他们自己法律的约束。相反，他们必须通过自己的决定使自己顺从这些法律，而且贤明的君主应该自愿顺从它们。

这里他们注意到优士丁尼《法典》（Codex）的内容："一个君王表示他遵守统治者（those ruling with majesty）的法律才称得上是新闻。"以及后来的"服从这片土地的法律表明了更大的权力"。[14] 在格拉提安的《教令集》中，我们读到："人应该遵从自己制定的法律。"这位睿智的权威作者讲到，"遵守你自己制定的法律"，"君王遵守他们自己的法律是公正的。那么，他们的法律确实表明该法必须得到所有人的顺从，因为他们自己也对它表现出敬畏"。[15]

同样确定的是，就上帝的审判而言，君主并非不受公正法律的约束，这种公正的法律源于自然法，由更高的权力或者君王本人为公共善而规定，因为他们本人也要促进公共善。

因此，在我们初次审视过所有以上帝为渊源的良法之后，**我们都受到良心的约束去遵守公正的政治法。**

命题 5

从同一论点可以推出，有必要区分源于自然法方面的法律文本与法律试图传达的立法者的精神。

我说上述主张来自同一论点，意即人法源于自然法，为公共善而制定。那么,如果情况碰巧是这样的:尽管一个人可能想恪守法律条文,但是法律未能挽回法律为其制定的那些人的损失——考虑社会的利益。此时,根本不应该恪守法律条文,而应该审视和遵循法律的目的和立法者的精神。考虑下面的例证:

有一条法律规定,在被包围的城市中,任何人都不允许打开城门。

这条法律的目的是市民的利益,即不能给敌人进入城市的通道。所以,我们说这条法律源于自然法,这条自然法教导我们人应该保护自己和邻人免受暴力侵害,维护自身的安全。现在,巧的是如果不开城门,你就无法迎接你们抗敌失败、正在撤退的同胞和战士进城,结果是他们每个人都被屠杀,城池因为他们的死而必然陷落,而你本来能够挽救他们——谁看不出在这种情况下,尽管有那样的法律条文,但是城门必须被打开直到我们的军队进来为止呢? 实际上,这就要求理解这一法律以及自然法本身的目的。

这个例子佐证了优士丁尼《法典》中的话:"毫无疑问,恪守法律条文而违背法律精神的人——违背了法律本身,通过狭义解读法律措辞为自己免除法律约束的人,也将无法避免前面提到的惩罚。"[16]

教父和牧师也教导我们必须遵守法律的精神。

结果,圣希拉里(Saint Hilary)在他《论三位一体》(*On the Trinity*)中说道,"为了实现我们的智慧,必须用适合我们本性的术语:因此除了口头表达,我们无法理解沟通。"[17]相反,甚至在神法中,我们肯定常常碰到同样的事情。一些守法者实际上犯下了违背上帝意志的罪。例如,有一条法律,"安息日不可做事"。这条法律的目的是什么? 最主要是因为——就像现在有礼拜日一样——我们照顾他人的福祉,即我们的奴隶不被强迫整日无休地劳作。那么,假设一个人碰巧病了,医生没有为他开药或者照顾他,如果你恪守法律而忽视了这个人的健康,难道你没有违反法律? 基督以同样的方式辩驳了法利赛人(Pharisees),因他在安息日治好了一个人而对他的指控,他称自己没有违反任何法律,相反是遵照法律行事,他说道,"安息日是为人设立的,人不是为安息日设立的"。[18] 使徒以同样的观点为收集谷物以供养自己的人辩护。[19] 基督还说,"若是你的右眼叫你跌倒,就剜出来丢掉"。[20] 你是必须遵守法律条文,还是应该审视立法者的意图? 基督还让我们吃他的肉、饮他的血。如果固守这些措辞而不去注意基督的意图和意志,难道他不是在命令一项犯罪行为吗? 因此,奥古斯丁在他的《论基督教教义》(*On Christian Doctrine*)中正确地教导我们说,基督的话"如果你不吃人子的肉"必须被解释成是**比喻性的**(figuratively),因为"它看起来是在要求犯罪或者为恶"。[21] 同样的,在人法中,热衷于遵守法律条文而不是立法者的意志,对个人来说有时也可能是违法的方式,这将多么令人吃惊。

这一命题的观点很明确:法律是为了普遍善和人类的福祉而根据自然法制定的,而且它们只有这样做了才有权力去施加义务。因此,如果我们因为固守法律条文而违背了人类的福祉,那么我们违法的程度更甚于遵守法律的程度。

不过,必须加上这一告诫:每个人并非总是有权以这种方式解释和理解法律;相反,普通人应该将这一责任让渡给君王本人,他们应该是法律的解释者,至少在没有延迟危险的时候应该如此。然而,当无法便利地征询他们的意见并且有延迟危险时,而且法律的状况对每个人都是清楚明白的,那么对承担责任的当事人或在法律丧失重要性时扛起国家重担的人而言,这种做法是适宜的:遵守自己对于法律的解释,就像前述有关不开城门的例证那样遵守立法者的意志。

命题 6

即使人法和政治法源于自然法,它们之间依然有某些区别。

这是因为自然法是自然的、一般性的标题,能够运用到特定的法律中,而政治性法律关注公共善的方式是:它们因为时间、地点和人的个性并非总是互相一致。

第一种差别是，自然法永远不变，也无法改变。它就是上帝意志确定的、一般的和永恒的方面，是做某事与不做某事的规则启示，被写在人们心中。

反之，人法，因为是根据地点、时间和人的个性等条件而制定，不能是永恒和不可改变的，因为条件会变化。

由于这个原因，奥古斯丁在他的《论自由意志》中说道："临时的法律，即使能存续，依然能够被暂时搁置。"

那么，它们能够和应该被改变就有两个原因。一是，人类理性沿着某些阶段从不完美上升到更加完美是自然的。因此，就像在科学领域，最初的哲学家传下某些不完美的观点后来被其他人修正而变得完美，这种情况也经常发生在法律中。二是，同样的事情对于同样的人、共同体或者国家并非总是有利。因此年轻时制定某些法律，但是成熟时就制定不同法律。

奥古斯丁在其《论自由意志》中举了这样一个例证：

如果一个民族被治理得很好，公共福利得以勤勉地守护，法律得以恰当地实施，那么，对这个民族而言，选出他们自己的统治者管理这个国家就是适当的。但是，如果同一个民族逐渐变得堕落和腐化，如果他们进行了一次可耻的选举，以至于他们不怕将国家的治理托付给罪犯，那么先前的法律必须被更改，并且必须制定另一部法律以更好地管理国家。[22]

现在，政治法有的东西教会法也必须有。因此，当牧师由教会全体成员挑选对于教会更有用时，则应该这样挑选牧师，就像教会全体成员挑选两个人到神的面前，以使神可以通过这些人讲经，又如《使徒行传》第6章第1—6节中教会全体成员挑选7个人作为饭食执事。然而，当这种做法不可行时，他们就由更少但是更为成熟的人挑选，比如由委员会和宗教会议挑选，那时挑选的方法也要改变，就像我们在《使徒行传》中读到的，有人经使徒挑选成为牧师但是要经过教会全体成员确认。

结果，显而易见的是，想维持一种政策的人是错误的，而且不应该领导教会。这就是为什么人法，无论是政治法还是教会法，都应该变化的原因。

但是，记住，由自然法推导出来的人法不可改变。那么，当自然法不可改变时，人法如何被改变呢？

回应这种反对意见非常简单：人法从自然法中保留的东西不能改变，但是因为特定的条件而区别于自然法的东西，以及对公共善的阻碍超过促进的东西，则必须被改变。此外，人法由于自身的性质有其自身独特的条件。所以，因为条件变化了，相应地，法律也要整个地改变。然而，自然法不带任何特定条件地保持其一般原则。所以，它保持不变。这是自然法与人法之间的第一个区别。

第二个区别是，自然法通常禁止所有恶行和犯罪，不论是内在的还是外在的。的确，凭借一般性的命令"知晓和崇拜上帝"，自然法不仅规范外在的崇拜，而且规范内在的崇拜，因为我们在心里崇拜、热爱与敬畏上帝。与之类似地，在有关邻人的命令中，即我们不伤害人和不对任何人做不希望别人对我们做的事情，自然法不仅禁止外在的伤害，而且禁止内在的伤害，比如仇恨和嫉妒，因为我们自己不想被任何人仇恨。要求爱人是因为我们自己希望被爱。

但是，政治法仅仅禁止外在的犯罪，并且只要求外在的义务。结果，它们不惩罚罪恶的欲望，而仅仅惩罚罪恶的外部行为本身。为什么？这些法律仅仅特别关注普遍善（the common good），而且仅凭自身的力量；它们仅在偶然的情况下关注个体善。

除此之外，人法甚至不是禁止每一种外在的恶行，而仅仅禁止那些能被避免的恶行。如果某件事情因为人性或者一种相反的习俗——人们不希望或不允许以任何方式更改——而无法避免，那么即使是智者，通常也不会制定与其相悖的法律，因为这样的法律将会徒劳无益，没有效果——至少，对国家并非没有巨大的损害。

这一点在《箴言》第 30 章第 33 节中有提到："扭鼻子必出血。"这一原则基督也不陌生。在《马太福音》第9章第17节中,他说如果新酒(即更尖锐和更强硬的观点)装在旧皮袋里(即被灌输给无法容忍这些观点的非常愚钝的人),"(旧)皮袋就裂开,酒漏出来"。换言之,这些观点受到轻视和徒劳地灌输,人们越来越糟,日益腐化。

因为这个原因,在制定政治法所要求的其他特征中,这一点绝非最不重要:法律是可能的,这点极其重要。我说**可能的**(possible)意思是,依照人们的本性和习俗——达到足以应对政治法和我们受其约束的程度。

注释:

1. 《提摩太前书》1:9。
2. Gratian, *Decretum*, 4.1.
3. Aristotle, *Politics*, 1.
4. 《彼得前书》2:13 - 17。
5. Augustine, *On Free Will*, 1.
6. Gratian, *Decretum*, 4.2.
7. 《彼得前书》2:15。
8. 《罗马书》13:1。
9. 《罗马书》13:5。
10. 《彼得前书》2:13。
11. 注释中给出了另一种翻译。通常的翻译是"顺从上帝,不顺从任何人类的权柄,是应该的"。
12. Aquinas, *Summa Theologiae*, I-II, 96,5.
13. Justinian, *Digesta*, 1.3.31.
14. Justinian, *Codex*, 1.14.4.
15. Gratian, *Decretum*, 9.2.
16. Justinian, *Codex*, 1.14.5.
17. Saint Hilary, *On the Trinity*, 10.73.
18. 《马可福音》2:27。
19. 《马可福音》2:23 - 28。
20. 《马太福音》5:29。
21. Augustine, *On Christian Doctrine*, 3.16.
22. Augustine, *On Free Will*, 1.

第四章　论教会传统

因为这些原因，教会法和教会章程（constitutions）经常被民众称为教会传统（traditions），使徒保罗在《哥林多前书》第 11 章第 2 节中和其他地方称其为传统（paradoseiw）。*

然而，《希伯来书》对它们的称谓和称呼上帝律法所用的术语——Torah——一样，因为它们有自己的传统，就像在《福音书》中那样（参见《马太福音》第 15 章第 3 节"你们因着你们的遗传（[tradition]，犯神的诫命"）。

然而，因为这一差异，他们称上帝的律法为成文法，称他们自己的传统为口述法。事实上，教会内部在这一点上出现了分歧，结果是源自使徒的一些传统被称为登记（eggrafh），而其他传统被称为记录（agrafh）。[1] 此外，一些最初被称为记录的传统现在被称为登记。事实上，使徒后来在其书信中将大部分原来仅是口头制定的法律划归给教会，就像我们在保罗书信（Pauline epistle）中看到的那样。

因此，术语传统（paradoseiw）会以两种方式被运用。第一，它指使徒自教会形成之初传下来的那些律令（precepts）或者制度，既包括与教义有关的，也包括与教会仪式和习俗有关的。它还指那些包括在古代《圣

---

* 该词疑为希腊语 paradosis 或者 paradoseis（意为"传统"）的误写。——中译者注

经》中并因此总是存在于教会中的传统，我们在使徒著述中再次发现的所有这类传统，以及那些在使徒之前未在基督教会占有一席之地的传统，诸如那些在《哥林多前书》第14章第2节、《帖撒罗尼迦前书》第2章第15节以及《提摩太前书》第2章第1—2节中提到的，关于甚至为邪恶的君王进行公共祈祷的传统，以及《新约》中列出的其他数不清的传统。但是，既然这些传统已经被写下来并被列入教会典籍中，它们就不应该再被称为"传统"。它们应该被称为"上帝的律法"。

第二，我们在传统或者教会传统的术语之下列入了从使徒去世一直到现在的个别的教会章程，其要么确实是由使徒传递下来且为教会规定，但是没有包含于教会典籍，即全体和地方宗教会议后来在不同时期制定的决议中，要么甚至是由个别主教在教会同意的前提下引入和确立的那些实践，其并不违反《圣经》但是附属于教会的运作、秩序和教化。

让我针对这些结论总结一些要点，以明确我们在多大程度上有义务遵守这些法律，因为即使违反、忽视或蔑视这些法律，也有可能根本不犯罪。但是，首先，我们要明白它们是什么，然后从这个定义出发，我们可以推导出其他结论。

命题 1

教会传统是有关正当（righteousness）的教义、习俗和仪式的规则，既包括通过使徒由圣灵赋予的、存在于教会中的《圣经》以外的规则，也包括那些由一般和地方宗教会议甚或个别主教在其教会同意之下制定的规则。这些传统以上帝的语言来发现和制定，为教会接受，目的是帮助管理信徒、圣礼、执行纪律以及那些属于宗教的活动，以便教会的一切事物可以为它的教化、上帝的荣耀和对信徒的保护而恰当有序地存在。

这个定义体现了所有的主张。

首要的教导者或者渊源是圣灵，他启迪使徒，领导主教和教会，指导他们的心灵和语言。接下来的教导者是使徒，他们主要教导他们留诸后世的事物以及在宗教会议上进行决策的神圣主教们。第三位教导者是教会，它检验和接受他们的教导。

他们自己忙于处理的素材包括教导、习俗和教会仪式。我说"教导"，不是因为他们传下新的教导，而是因为他们强化了包含于《圣经》中的古老教导。

形式是教规，它被明智而审慎地构思于《圣经》之外但并非不以《圣经》为基础。

目标是，教会的一切事物都能恰当、有序并且以有利于其教化的方式存在，就像使徒保罗教导说一定会发生的那样。

那么，那些没有受到圣灵影响，没有源于上帝的语言，没有被设计成为正直、良善、秩序或者教化的传统，即使是由全体宗教会议和所有主教制定，依然与它们的称谓——也就是说，教会传统——不相称。那些被暴君勉强强加给教会的法律更加与这个名称不相符。

现在，让我浏览一下这个定义。

最重要的是，我更愿意称这些传统为"教规"（canons）而不是"法律"（laws），因为这是教父们喜欢的术语，因此这个词语将教会法和政治法区分开来。这个原因在格拉提安的《教令集》第三卷中也可以看到。然而，我偏爱这一术语还有另外一个原因，而且我相信教父们也看到了这一点：它表明它没有像上帝的律法那样使我们的良心承担义务，而是传下律令和规则以教导每个教会如何生活以及应该如何全身心崇拜上帝。**教规**（canon）事实上意味着，**规则**（rule）。

显然，这些教规围绕的素材是有关宗教、习俗和教会仪式——崇拜神的典礼——的教导。

第一，有关教导的教规是那些使徒和传自使徒的人藉此定义和宣布哪些书是真经、哪些书是伪经的依据；换言之，它们是使徒的标志，在教会中永久存续，被普遍接受并为教会教规所确认。

它们还包括教导应该如何解释《圣经》的规则；换言之，这样对《圣经》的理解不会违背信仰规则、使徒标志。教父们以前用这一传统来对付通过错误理解而败坏《圣经》的异端。

此外，有关教导的教规曾经是而且现在依然是，运用上帝的话进行教导以对抗阿里乌斯派（Arian）和伯拉纠派（Pelagian）异端以及宗教会议上其他引诱者的教规。

第二，有关习俗的教规有许多：例如，有关婚姻的教规。什么样的婚姻是合法的、不合法的或者有疑问的？它们最初应该如何在教会中宣示？届时婚礼应该如何庆祝？还有很多其他有关习俗的教规，教导应该如何执行纪律以不允许心怀仇恨的、醉酒的、贪婪的以及其他有罪的人出现在主的面前。还有，有关神职人员与牧师生活和行为的教规，尤其是——他们的生活方式应该在多大程度上符合上帝的话。

第三，很多有关仪式的教规也被制定得完全符合《圣经》；换言之，那些有关祈祷、圣餐和其他此类仪式的时间的教规。因此，显而易见的是，所有教规的素材就是教导、习俗、纪律和教会仪式。

我说过，这些就是教会教规，"通过使徒由圣灵赋予的……存在于教会中……那些由一般和地方宗教会议甚或个别主教制定的规则。"

请注意，我没有说"从（from）"而是说"通过（through）"使徒和宗教会议，因此我的意思是，他们自己没有制定任何东西，而仅仅是从圣灵和上帝的话语中获得他的法律。

现在我并不怀疑，通过使徒制定和留下的某些教会传统未曾形成文字，尽管并非所有传统都得以保存到我们的时代——一些必定被教会忽视，其他的则为时间所摧残，就像奥古斯丁自己在写给卡勒斯（Casulas）的信中提到的那样。[2] 这里，他论述了西方教会，并哀叹很多教会没有保持使徒的传统。

然而，和其他博学的人一样，我认为真正的使徒传统是依据圣经的教规、使徒标志、主日分别为圣，以及其他那些最符合成文的上帝话语的教规，因为历史揭示的既非那些传统的制度也非作者。

因为这些是最重要的教规,除了使徒不能赋予于任何人。

奥古斯丁在其《驳多纳图派》(*Against the Donatists*)中这样写道:"全体教会主张但未被宗教会议制定而保留的,将不被信仰,除非它凭借使徒的权威流传下来。"[3]

那些阅读过宗教会议记录的人和教父们,知晓所有这些为全体和地方宗教会议甚或主教们制定的传统,以及那些也被称为"教皇敕令"(papal decrees)的传统。

在上帝话语——在上帝话语的一般原则中——和教会教化中发现的所有那些传统都可以被真正称为"教会传统"。

最后,它们的目的可以从《哥林多前书》第 14 章中的使徒那里清楚地看到,第 14 章提到了很多传统。他说,"凡事都当造就人",[4] 而且在这一章末尾说,"凡事都要规规矩矩地按着次序行"。[5] 因此,我的解释的洞见和真实就清楚了。

从这一命题出发,我可以得出其他更简短的命题,就像我处理政治法时所做的一样。的确,教会法和政治法之间有很多相似之处。

命题 2

除了成文的上帝话语之外,还有对教会有用的传统以及那些几近必要却未包含在宗教经典中的传统。

这些传统的益处不证自明,以至于教会遵从它们而不会受到任何谴责。即使是在上帝的话语中发现了它们,它们也有自己的基础,因此是非常有助益的。简单地说,我不会称呼它们为"必要的"(necessary)——但几乎就是必要的——传统,以便于我可以将其与上帝话语中表达的那些传统区分开来。事实上,就教会的健康而言,它们本身仅对建立教会是必要的。

然而,如果有必要对信仰的重要性给予同样解释,并且有必要区分权威典籍与伪经以及其他类似之物,就无法否认很多传统都能被称为

"必要的"，因为没有它们教会就无法存在。

这一观点对这一命题很关键。重要的是，不仅对福祉的追求，而且对教会的正确制度、治理和维系而言重要的东西，都来自于《圣经》，至少大体上如此，因为同样的仪式并非总是在所有地点、所有时间一直存在且为教化而进行。因此，对于不同的地点、情势和人而言，产生有关这些事情的不同制度是合乎常理的，就像奥古斯丁在写给贾纽埃里厄斯（Januarius）的信中就圣餐的时间所教导的那样。

因此，除非做法无可指摘，否则那些想让所有仪式在各地的所有教会都以同样的方式进行的人——就像罗马教皇维克托（Victor）想让亚洲和罗马同时庆祝复活节的做法，以及其他教皇在类似仪式中所做的那样——就是犯了最严重的罪。

命题 3

此外，正如政治法渊源于自然法，教会传统也有两个渊源：一是源于圣灵（就使徒而言）和成文的上帝话语（就圣主教和宗教会议而言）

如果，它们事实上在上帝的话语中未被发现并且与之不一致，那么就像我前面说的，它们就不配称为教会传统。

但是，《圣经》中有一般规则，从中可以发现和制定良善有用的传统，就像所谓的教会传统一样。使徒的传统就是例证，其在使徒的著述和《哥林多前书》第 14 章中的一般使徒规则中被提到："凡事都当造就人……规规矩矩按着次序"。

所以，如果它们没有教化，相反阻碍虔诚——如果它们没有趋向恰当的行为，相反相当愚蠢可笑——如果它们没有为秩序而努力，相反走向混乱，那么它们与其说是教会的或是人类的传统，不如说是魔鬼的传统。

所以，当出现有关教会仪式的问题时，即使是教父通常也会回到《圣经》以探究传统，就像西普里安（Cyprian）的作品中清楚表明的那样。读读他写给庞贝（Pompeius）的信，其中反驳了罗马教皇斯蒂芬（Stephanus）有关异教徒再洗礼的信。即使他在教义上有错，他的推理总体上仍然是正确的。

命题 4

所以，只要这些传统与《圣经》一致或者至少不矛盾，它们就是真正的教会传统，必须被接受。我们应该遵守和荣耀它们。

如果它们与上帝的话语一致，拒绝它们就是拒绝上帝的话语。如果它们与上帝的话语不矛盾，谴责它们就是谴责教会。《圣经》很多赞美教会的篇章中提到，蔑视教会，也就是忘记了上帝的恩典——但是最重要的，是《马太福音》中，基督发布的诫命：当教会教导什么是良善和睿智或者纠正罪恶时，不听教导的人应该被视为外邦人或者税吏。[6]

命题 5

即使在上帝的话语中真的体现了教会传统，它们依然无法拥有与《圣经》的话语相同的权威。

第一，虽然它们在上帝的话语中被体现，但它们并不是上帝的话本身。上帝的话语是为圣灵所启示并口述给人类的，包括主旨、素材、话语、形式以及被教会认可和接受的此类事物。教会传统并不符合所有这些标准。它们的素材可能来源于上帝的话语，但是它们并没有采用相同的形式。

由此得出第二点，上帝的话语本身就有权威，而教会传统**因为**上帝的话语而有权威。而且，就像人类的传统必须要经过上帝的话语的审查一样，教会传统也必须为上帝的话语所审查——而不是上帝的话语被教会传统审查。

因此，是这样的，当教父们要同异教徒辩论时，他们首先会同他们讨论《圣经》中的证据，然后如果他们能做到的话，他们会讨论教会传统，就像人们在他们的著述中看到的那样。同样，使徒保罗本人，当他要讨论他自己的传统时，要么通过上帝的话语，要么通过传统本身的正义、良善或用途来佐证。当上帝的话语清楚明白时，他不会这样做，因为上帝的话语将会而且确实是自带权威。

命题 6

然而，并非所有传统都属于同一类型或者具有同样的权威。一些距离上帝的话语更近，一些则远些。

这一命题的论据依赖于我已经部分讨论过的教会传统的分类，但是它是非常明显的。

一些教会传统是使徒的，其他则仅仅是教会的。当然，明确源于使徒的传统相较于不是源于使徒的更有权威。

而且，一些使徒传统被永远赋予教会，因此是重要的；其他的则不重要。重要传统是使徒标志、真经和伪经的传统、为了信徒推理解释《圣经》的传统以及有关主日分别为圣的传统。所有这些传统的地位仅次于上帝的话语，漠视它们将犯重罪。

一些其他类型的传统包括一段时间内是重要的传统，或出于爱的传统(参见《使徒行传》第 15 章第 19—21 节)，比如有关禁止吃带血的肉、勒死的动物或者祭偶像之物的传统，以及《哥林多前书》第 14 章中和别处提到的其他传统。教会传统包罗万象，换言之，它们随时随地被接受和保持。它们比某些地方仅在某些时候接受和保持的那些传统更有权威。

因此，在这些传统中，也有可能犯罪，或大或小。

命题 7

此外，四个明显的特征将真正的教会传统与人的传统和迷信区分开来。

第一,它们以上帝的话语为基础,并从中推导出来。因此,如果人的传统与上帝的话语矛盾,那么这些传统将会消失,因为真正的教会传统非常符合上帝的话语。

第二,它们非常有助于维护和促进虔敬与崇拜,不论内心的还是外在的。

即使它们曾经有用,但现在反而是妨害,基督和他真正的教会现在不会希望保持这些传统。传统中有一个这方面的显著例证,即《使徒行传》第15章中有关被勒死的动物的传统。因为它曾经是有用的、好的并被维护;然而,现在,因为它无益于我们,除了作为烦恼它不再被维护。

第三,它们都致力于维护教会的秩序和良善,致力于根据早先来自于保罗的规则进行教化。

第四,没有传统像大祭司(high priests)和法利赛人强加给犹太人那样沉重和不可忍受,对此基督在《马太福音》第23章第4节中说道:"他们把难担的重担捆起来,搁在人的肩上。"

注释:

1. 这两个希腊语术语都可以被翻译成"register, registration"。就字面含义而言,*eggrafh* 意即"写在…上(to write on)",*agrafh*(*anagrafh* 的简写)意即"写在…上方(to write on top of)"。
2. Augustine,*Epistles*, 2. 36.
3. Augustine,*Against the Donatists*, 7. 4. 42.
4. 《哥林多前书》14:26。
5. 《哥林多前书》14:40。
6. 《马太福音》18:17。

第五章　论习惯和产权

习惯(custom)和产权(title)也与政治法和教会法相联系,因为至少如果所需条件有效,它们都有法律效力。并非每种习惯或产权都有法律效力,只有那些公正、符合理性和上帝的话语,以及为人民意志批准的习惯和产权才有法律效力。

现在我应该谈谈这些事,以说明一个人在政治和教会事务中在多大程度上能或者不能违反习惯和产权的法律。政治有它自己的习惯和产权;教会有它自己的习惯和产权,我们绝不应该违背。然而,我们应该区分这两种类型。

首先,让我讨论产权。事实上,它更加一般化,因为它既涉及短的时间段,也涉及长时段,而习惯只有持续很长时间才能确立。

命题 1

在宗教和政治事务中,公正的产权都有法律效力。因此,人们不应该违反它们。

"产权"被希腊语称为 *paragrafh*,意即写在边上或其他地方。

产权被称为现在这个术语,是因为它在所有者试图索回某物时保护长期善意占有该物的人。那时,"产权"经过很长一段时间之后排除了占有。这种排除如果正当就具有法律效力;长时间之后,它被认为是一种产权,就像一个人会说通过长时间占有某物而获得一项"产权"、"例外"或者"异议"。

在古代,法学家曾用术语**所有权**(ownship)[1]代替产权,虽然优士丁尼后来用所有权指称可移动之物,用"产权"指称不可移动之物。

因此,他这样定义:"所有权(以及产权)是由土地法界定的、通过所有权的活动形成的财富的获得与增加。"[2]

这个定义很清晰,但其解释应该取自《圣经》。

在《士师记》中,以色列人(Israelites)凭借充分的法律依据占有了亚扪人(Ammonites)的土地,因为是上帝给予了他们土地。当以色列人占有这片土地将近 300 年之后,亚扪国王向以色列人试图索要土地据为己有,但是耶弗他(Jephthah)向国王派遣了使节,通过使节耶弗他代表以色列人说道:"这片土地是我们的,因为我们已经占有它近 300 年等多种原因。"

这就是产权的法律,或者是所有权的法律。其制定旨在保持公共安宁,因此已经确立的占有得以保留。如果某物以前属于我们但现在被另一个人善意占有,而产权可以被要回的期间没有稳固确立,而且如果过了时间还允许要回这些物品——那么一切物品的所有权将处于不确定的状态,争议将永不休止。

过去,当一个人占有某物有合理托词(good pretext)、秉承善意并超过了法律规定的期间,产权就被认为是"正当的"(just)。

如果一个人占有某物并曾以合理的方式购买了它,且该物交易记录良好,如通过购买或继承,馈赠,或通过正义战争,或通过其他正当和体面的方式而为某人占有,那么产权就是合理的。但是,如果一个人取得某物的方法是有罪的——换言之,通过盗窃或欺骗——即使允许其占有该物一段时间,时间的持续依然没有意义,因为一个人缺乏合理和正当的产权。因此,这个物品无法被真正占有。

善意同样需要,凭借善意一个人确定地知道他或她占有该物而绝不会伤害另一个人,而且他人无法对其提出反诉。如果一个人是恶意占有者,即使经过了最长的时间,他依然不会得到产权的支持。这一点教会法界定得最好,"恶意占有者无论经过多久都不会获得产权"。[3]

最后,要使产权正当,一个人占有该物必须持续恰当的时间长度;换言之,达到法律规定的长度。法律为动产和不动产的占有规定了不同长度的时间。一方面,如果一个人以合理产权和善意占有某项动产3年,民法不允许其被要回,即使该物属于不同的所有权人且该人知道它被另一个人占有但是从未要回。事实上,君主是想惩罚前所有人的懈怠。另一方面,如果前所有人不知道该物在另一个人手中且处于他或她的占有之下,那么要获得充分所有权的时间将延展至30或40年。但是不动产占有则被分配了更多时间,达到10或20年,但是要符合前述有关动产占有的条件。也就是说,"如果所有权人不知道财产在你这里由你占有,并且没有要回它"。这是法学家有关产权或所有权的观点。

但是,如前所述,教会法学家的某些观点完全不同于上帝的话语。无论你知道一件东西曾经并且已经被占有了多长时间,如果是恶意占有,它就不是你的而且能够从你那里被要回,无论适当的所有人是否知道你拥有它。恶意占有无论经过多久都不会确立所有权,这一点在法律格言中很清楚:"给每个人其所有的东西"。现在,碰巧一个平民知道他的财产为他的领主占有。那个人永远不敢要回财产,因为他怕领主发怒。十分了解自己是恶意占有的君主难道没有义务返还财产?

有关**产权**说得已经足够,现在让我们转向**习惯**。

命题 2

教会的和政治的习惯一旦被制定或者强化就获得了法律效力。因此,违反习惯也有可能犯罪。

这部分讨论有两个要点。第一,一般而言,习惯实际上是什么,包括什么。第二,何种习惯称得上"良好"(good),哪种习惯有法律效力,哪种没有？换句话说,什么是好习惯,什么是坏习惯?

关于第一个要点,多数人知道术语**习惯**的意思以及为什么用它。在格拉提安的《教令集》中,我们读到,普遍实践中发生的一切都被称为**习惯**。[4] 因此,如果某事频繁被做但没有被接受为普遍实践,或者如果它是某些人而非所有人做的事,且它没有获得共同体的赞同,那么它就不配被称为"习惯"。因此,它必须获得实践,被所有人或者至少多数人接受。它要成为普遍实践。然而,因为这两个条件,自然产生了第三个条件:它不仅必须是普遍实践,而且还要被法律批准并为敬神的立法维系。我们确实经常以普遍同意的方式做很多必要的事,这些事情如果能以不同的方式完成,那么我们不希望其被纳入传统并被制定为法律。

例如,在早期教会中,基督徒们经常晚上在不同的房子和教堂地下室集会,他们在那里呼求上帝并且完成圣礼。他们为什么这么做?很长一段时间内,因为暴君,他们的集会是非法的。因此,他们将这种做法视为一种普遍实践,但是他们不想这种做法成为一种不断发展的习惯,也不想其成为他人也要遵守的制定法。因此,如果我们想和他们一样在暗中以及晚上集会,我们就会犯罪。

另外,在安布罗斯(Ambrose)的时代,安布罗斯本人在仅仅还是新信徒时就被任命为主教。那时,这种事在其他地方也可能出现。难道这种做法应该被视为一种习惯,并因此成为法律?当然不能。这种做法没有持续很长时间,且是出于必要才这样做。神恩教派(Charismatic)中找不到能对抗阿里乌斯派(Arians)的博学者。

因此,习惯在格拉提安的《教令集》中被正确地界定为:

"习惯是确定的法律,为传统实践所确立,在法律有缺陷时被视为法律。"

它继续说到,"为传统实践所确立者"是习惯。

在这方面,法律区别于习惯是因为法律是成文的,而习惯是由实践确立的。此外,人法的合法性有赖于人民的公开批准,而习惯的合法性有赖于人民的默示同意。

第四个条件:采用和认可习惯要求它被践行过合法长度的时间。确实,习惯不能经过几天或者短时间内就确立,而要被践行过适当长度的时间。因此,格拉提安的《教令集》这样写道:"习惯有必要符合理性且被合法地践行,因此而具有法律效力。"5 什么是"合法地践行"? 确认经过了法律规定的时间。那么,"这个时间"是多久?

市民法为习惯规定的时间是 10 年或 20 年,但是教会法需要经过 30 年或 40 年才认可习惯。

相形之下,最确定的习惯始于未知的过去,超越人类记忆的时间。我称其为"最确定的习惯"仅仅是在时间的意义上。如果一项习惯不符合理性,或者像法学家所说的,不符合自然和普遍善,或者如果违背上帝的话语,那么即使是最古老的习惯也根本不能被践行,就像基督教导法利赛人时说的,"你们因着你们的遗传,犯神的诫命"。6

此外,法利赛人的习惯和传统极其古老。然而,基督教导说,它们不能规定任何事情,因为它们违背了上帝的话语。事实上,如果流传下来的实践不违背上帝的话语、普遍善或者自然,它们应该得以保持(我会简单谈论这一点并阐释清楚),因为这一习惯是好的,应该很强大且得到遵守。至此,我已经描述了仅为定义习惯所必需的那种习惯。

我很愿意在这一点上重申格拉提安《教令集》增加的、强化习惯的两个原因(当然,是单凭普遍使用以及凭借文献所证明的使用)。教规的规定如下:

"习惯有时记录于《圣经》中,有时仅为实践的惯习所保留。记录于《圣经》中的称为**公约**(convention),没有记录的,用一般的术语**习惯**(custom)来描述。"

现在,关于第二个要点,即什么习惯是好的,应该被当做法律遵守:

不违背上帝的话语且不与自然或公法抵触的习惯是好习惯。

那么,这些就是好习惯,拥有法律效力,事实上,如果它们与法律一致，则更应该得到遵守。

当所有法律都被归纳为作为所有法律渊源的这三种主要原则时，显而易见的是，所有符合这些原则的习惯都可以被称为"良法"，忽视它们就将犯罪。这就是奥古斯丁在他写给迦素兰诺士（Casulanus）的信中所说的，主日不应该有斋戒，因为教会的产权和习惯中没有规定。"在这些事情上，"他说道，"《圣经》没有规定确定的习惯，上帝子民的产权或多数人的制度应该被视为法律。"[7] 在《论音乐》（De Musica）中，他还说道，"不要违反已经确立的习惯，除非某物违反理性"。[8] 在给迦素兰诺士信的末尾，他从安布罗斯对斋戒问题的回答中引出这一点，并得出结论说，应该遵守每个人都能想到的教会习惯。即使是安布罗斯，当他在罗马时，在安息日斋戒，但是在米兰时，他就不斋戒。这就是为什么他们说：

"在罗马，入乡随俗。"

换言之：环境不同时要遵循当地的习惯。

同样，在写给贾纽埃里厄斯的信中，他教导说，基督徒无论身处何地都应该像他们看见教会时那样生活。他写道："没有违背信仰或者良好实践的行为必须被不带感情色彩地考虑，应该与践行它们的人保持友谊。"[9]

他在这里重复了在早期信中说过的安布罗斯的例证，并得出了同样的结论。

在给贾纽埃里厄斯的信中，他重申："这一原则应该得到遵守而且是最有利的，此时'习惯'不违背真正的教义和良好的道德，而仅包含某种实现更好生活的激励；换言之，我们无论在何处看到它们得到遵守，或者知道它们得以确立，我们不仅不要挑剔它们，甚至应该通过我们的赞许和模仿推荐它们，除非我们害怕这一过程导致的伤害比好处更大才不这样做。"[10]

习惯为什么必须符合上帝的话语？难道真的没有比违反这些习惯更大的渎神罪吗？

奥古斯丁在《驳多纳图派》中也说道:"这一点显然是真的,因为理性和真理比习惯更受偏爱。但是当真理支持习惯时,没什么东西应该比它得到更强有力的维护。"[11]

德尔图良关于习惯不违背真理和理性也写了很多,因此他坚决主张年轻女性应该佩戴面纱,因为这一习惯可以追溯到使徒和传自使徒的人建立的早期教会,正如他在论文《论处女的面纱》(On the Veiling of Virgins)中写道:"我们不能轻蔑地拒绝(当然,条件是我们遵从它)一种我们无法谴责的习惯。"[12] 在其他地方,他在论著《论花冠》(On the Chaplet)中以相同的主张驳斥了以下观点:"《圣经》哪里禁止我们佩戴花冠?"他回应说:

> 我可以确定,没有一个信众曾头戴花冠,除非在审判之时。所有人都是这样,从新信徒到听告解的神父和殉教者,或(可能是)否认者(deniers)。那么,考虑一下,我们现在讨论的习惯是从哪里获得权威。
>
> 但此时问题出现了,它为什么被遵守?当然,显而易见的是,它实际得到了遵守。因此,这一事实既不能被视为不是犯罪,也不能被视为不确定,因为它违反了惯例(practice),这种惯例甚至能够以它的名誉为根据进行辩护,而且凭借普遍接受的支持获得充分认可。[13]

这一段非常清楚:不要违反不违背上帝话语的习惯,也不要谴责它,否则将是确定且严重的罪行。

然而,如果你要说,就像德尔图良正在反驳的那些基督徒所质疑的,"为什么禁止我们戴花冠?"

我以德尔图良的话回应,"但是哪里告诉你要戴花冠呢?"德尔图良本人后来写道:

因为如果说出于这个原因戴花冠是合法的，即《圣经》不禁止它，那么一个人可以正确地回应道，单凭这个原因戴花冠就是非法的，因为《圣经》不建议戴花冠。难道我们应该两者都接受，好像两者都未被禁止？或者我们应该两个都拒绝，好像两者都未被建议？我宁愿说未被自由允许的即被禁止，而不是"未被禁止者即被自由地许可"。[14]

没有反驳上述意见的主张。

那么，如果一部法律因根据理性制定而合法，那么同样根据理性确立的习惯也是合法的。

因此，违反理性确立的习惯，其罪恶程度不会比违反整部法律少。在政治事务和教会事务中都是如此。但是，在政治事务中，看起来这样的习惯在《学说汇纂》1.3"论法律与古老的习惯"中经常被视为法律，在那里我们读到，"长期保留的习惯通常拥有法律的地位，而且是那些并非渊源于书面的法律"；在第34行，"但是同样，那些为古老的习惯所赞成且被遵守多年的事物，好像被国家默示同意，其在法律上被遵守的程度不亚于那些成文法"。还有，第35行写道："这一法律被赋予极大的权威，因为它被视为如此重要所以没有必要写下它。"最后，在第39行，莫迪斯蒂努斯（Moderstinus）总结说："因此，所有法律都是由同意造就，由必要性确立，或者由习惯加强。"

我之前所引用的都是教父针对习惯所说的话，那些习惯既不违背自然、理性或者普通法，也不违背上帝的话语，而且是合法的。一方面，所有这些事物都是好习惯，因此如果它们符合上帝的话语则更应该被遵守。

另一方面，那些违背上帝的话语、违背自然或普通法的习惯，很多存在于罗马教会中，我认为这些习惯根本不好，不应该拥有法律的地位，也不应该得到遵守。相反，遵守这些习惯的人其犯罪程度不亚于漠视其他种类习惯的人。《圣经》、教父甚至法学家都一致这样教导。让我列举一些例证。

《利未记》第18章第24—30节：迦南（Canaan）地域的人缔结的很多婚约都违背自然——哥哥和妹妹、祖父与孙女。这一习惯虽然在这些人中普遍得到许可，而且自古代绵延不绝，然而，主谴责它，制定了禁止血亲乱伦婚姻的法律。由此我们可以看出，任何违背自然、神法甚或人类良法的东西都不能被容忍。

每个人都知道犹太人有很多恶习，甚至直到基督时代依然如此，也知道基督常常多么激烈地反对它们。犹太人却听从给予牧师很多支持的教父们的话。

游斯丁（Justin）在他的《护教辞》中写道："但是，如果你未行事异常，那么偏爱习惯胜过真理的、没有头脑的暴徒，也会做你能做的事。"[15]

那些偏爱习惯胜过真理的人是轻率的。

西普里安在写给庞贝的信中反驳了教皇斯蒂芬的信：他的话很有名，因为它们也被格拉提安的《教令集》记录了下来："已经悄悄影响某些人的习惯不应该阻止真理流行和成功；因为没有真理的习惯是错误的遗迹。"[16]

在西普里安之前，德尔图良提出和确认了这一教诲。在论文《论处女的面纱》中，他首先提出应该赞成的事物，即年轻女性应该佩戴面纱。然后他继续从《圣经》出发支持这一习惯，称其为真理。他说了下面的话：

> 这种遵守是真理要求的，没有人可以声称拥有真理——没有时代的差别，没有人为的影响，没有地域的特权。因为这些真理大多数情况下，因为某种无知或者质朴，是习惯发端的渊源；然后它最终被确认成为一种实践，并因此作为真理的对立面得以维系，但是我们的圣主基督自称为"真理"，而不是"习惯"。如果基督是永恒的且

先于所有事物存在，那么真理也是一种永恒和古老的事物。所以，让那些将本质上古老的东西视为新奇事物的人检讨一下自己。与其说它是新奇事物，不如说是证明了异端罪恶的真理。宁可选择反对意见而不是真理的人将是异端，即使反对意见（可能）是古老的习惯。[17]

亚历山大的克莱门特（Clement of Alexandria）在他的《对国家的话》（*Speech to the Nations*）中首先教导说，有关真正上帝的知识应该从上帝的话语中找寻，没有上帝的话语一切都是阴影。[18] 他接着增加了一条劝诫，我们要抛弃邪恶的习惯，即使是最古老的习惯。这就是外邦人反对的，就像现在很多人那样，说他们生于并养于他们的宗教。克莱门特说，"因此，我们必须抛弃习惯。我们应该摆脱习惯；我们应该离开那块坚硬的磐石，或发出预言的卡律布狄斯（Carybdis），或者传说的塞壬（Sirens）*。它让人们窒息，让他们远离真相，并带领他们偏离道路。它是一个圈套、漏洞、深坑"。[19]

奥古斯丁在《驳多纳图派》中写道："理性与真理必须被置于习惯之前。"[20] 这句话也为格拉提安的《教令集》所引用。[21] 在《驳多纳图派》中，奥古斯丁还说道："真理清楚明白，所以习惯服从于真理；显然，怀疑习惯的人服从清楚明白的真理。"他后来的话进一步强调了这一点："真理清楚明白，所以真理不服从习惯，因为上帝没有说，'我是习惯'，而是说'我是真理'。"

相反，甚至尼古劳斯教皇（Pope Nicolaus）在写给雷门斯主教（the Bishop Remenses）的信中也得出了这个结论，他说道："一种邪恶的习惯

---

* 卡律布狄斯和塞壬都是希腊神话中的女妖。卡律布狄斯是坐落在女海妖斯库拉（Scylla）隔壁的大漩涡怪，会吞噬所有经过的东西，包括船只。塞壬是人首鸟身，歌声美妙，经常飞降到海中礁石或船舶之上，用歌声诱惑过路的航海者而使航船触礁沉没。——中译者注

不亚于致命的腐化，必须被鄙视和拒斥，因为除非它被很快地从日常实践中抹去，它会被恶人认为是法律。很快，谎言和不同的信仰就会开始出现，而且通过这一特别法的实践，习惯而不是法律开始受到崇敬并（将）被永远颂扬。"

难道我们今天在罗马教皇那里没有看到很多这种事情？强迫神父禁欲违背了上帝的话语，因为它源于暴力；它还违背了自然法和国家法。甚至不带酒杯分配圣餐的习惯也违反了上帝的话语和古代教父们的习惯。

另外，让习惯变坏的另一件事情是，它们是否令人无法容忍，即如果它们对于遵守它们的人而言难以承担、毫无用处甚或危及教会。格拉提安的《教令集》中有教皇格列高利一世（Pope Gregory I）的话："我们应该从我们的考虑出发，废除严重危及教会的习惯。"[22] 这里的注释说明了何时应该容忍这样的习惯。它说道，"因为习惯应该是合理的，不违背教会的利益"。教皇的教会中是否存在无数不合理和有害的习惯？遵循何种推理进路会支持在教会中保有肖像的习惯？教会遵行的讲拉丁语、演奏风琴、带面包列队行进，或送小女孩进修道院，或其他数不清的习惯，对教会多有用？

奥古斯丁甚至在写给贾纽埃里厄斯的信中哀叹道，在他的时代，教会中有那么多他深感苦恼的习惯，而且基督教徒的状况根本不比犹太时代更好。如果奥古斯丁能够死而复生看见我们亲眼所见的东西，这位善良的教父会说什么呢？

在优士丁尼的《学说汇纂》中，我们读到，"未经理性确立但是起初因为错误后来根据习惯得到遵行的，不得为其他目的的保留"。[23]

托马斯·阿奎那亲自确认了这一切，他写道："自然法和神法源自神的意志，因此不能为源自人的意志的习惯所更改，而只能由神的权威更改。因此，习惯如果违背神法或自然法就不能有法律效力。塞尔维亚的伊西多尔（Isidore of Seville）也这样说。让实践服从于权威；邪恶的习惯服从于法律和理性。"[24]

我认为我已经阐释得足够清楚，好的和被认可的习惯应该被视为法律，因此必须得到遵行，而邪恶的习惯没有法律的效力。我也说明了什么使得习惯成为好习惯或坏习惯。

让我增加一个简短的观点。

命题 3

好习惯不仅拥有法律的效力，而且还能宣告之前制定的法律无效。它还能而且应该成为法律的解释者。

第一点毫无疑问。

事实上，如果一项与之前制定的法律相矛盾的习惯得到确立，且这种习惯拥有与其相矛盾的法律同样的效力，那么它在逻辑上就宣告了那部法律无效。这样，很多法律，甚至良法，在国家、学校和教会中被相反的习惯废除。为什么会发生这样的事？因为那些法律不再有用，因此被相反的习惯废除。例如：

使徒为外邦人制定了一部法律，禁止他们吃带血的肉或者被窒息而死的动物。为什么要这样？因为那时，这部法律是有用的。后来，时过境迁，它因为被废弃而失去了效力，一种不同的习惯取代了这部与其矛盾的法律。为什么？因为它缺乏必要性和实践。

另外，新习惯无法确立违背使徒教导的事物，因为除了情势需要，它们无法确立规则。

同样，上帝看起来如果不是废除了——事实上，这种法律是永恒的——至少是在犹太时期中止和摒弃了他的第一部有关婚姻的法律——那部法律仅涉及两个人之间的婚姻——因为那时这部法律看似没有用处，而且因为教会已经形成了一种相反的习惯，上帝并没有不赞成或者谴责这种习惯——先知也不反对它。因此，即使人们无法用相反的习惯废除上帝的法律，上帝本人看起来依然可以因为这种习惯对当时的教会有用,通过默示和默认以某种方式暂时中止了其有关一夫一妻制的法律。当然,习惯甚至在罗马教会内部确立了很多有关教会财产的古老法律。在人类和教会制定的事务上,习惯的效力尤其强大。

关于第二点,即习惯曾经是而且应该是法律的解释者,其语境在《学说汇纂》1.3.36 中阐释得很清楚,在那里我们读到:"如果有法律解释的问题,必须首先审视过去社会曾如何运用此类法律。法律最好的解释者是习惯。"而且塞维鲁(Severus)在第 37 行的书面答复强化了这一法律。

从所有这些要点出发,可以建构和关联出习惯的定义。

习惯是符合理性的实践。它不违背上帝的话语且为普遍实践所确立,它的缘起是未知的,或者至少规定和确立于很早的时代。它有法律的效力;它撤销相反的法律,是而且应该是法律本身的解释者。

注释:

1. *Usucapio* or ownership 指称长期的占有或使用。

2. Justinian,*Digesta*,3. 41. 3.

3. Gratian,*Decretum*,6. 2.

4. Gratian,*Decretum*,1. 5.

5. Gratian,*Decretum*,4.

6.《马太福音》15:3。

7. Augustine,*Epistles*,36. 1.

8. Augustine,*De Musica*,28.

9. Augustine,*Epistles*,69.

10. Augustine,*Epistles*,70. 34.

11. Augustine,*Against the Donatists*,7. 4. 5.

12. Tertullian,*On the Veiling of Virgins*,2.

13. Tertullian,*On the Chaplet*,2.

14. Tertullian,*On the Chaplet*,2.

15. Justin,*Apology*,2.

16. Cyprian,*Epistles*,128. 9;Gratian,*Decretum*,8. 9.

17. Tertullian,*On the Veiling of Virgins*,1.

18. Clement,*Speech to the Nations*,41.

19. Clement，*Speech to the Nations*，42.

20. Ausustine，*Against the Donatists*，7. 4. 5.

21. Gratian，*Decretum*，8. 8.

22. Gratian，*Decretum*，4. 1.

23. Justinian，*Digesta*，1. 3. 28.

24. Aquinas，*Summa Theologiae*，I-II，97，3，1.

第六章 论神法

命题 1

就像教会有三个时代一样——前摩西时代,后摩西时代以及后基督时代——也有三种神法在不同的时代流传至教会。

这些不同种类的神法与其说是源自法律的多种本质或是时代差异,不如说是它们的确是来自于上帝颁布它们并将其彰显于教会的多种方法。其实,我们称呼它们为**神法**是正确的。

第一种神法,是人类堕落前后直到摩西时代,上帝仅凭其口述直接揭示给教会的法律。

第二种神法,是上帝镌刻在石碑上,通过天使显示和解释给摩西,通过他传给以色列人并持续到基督时代的法律。

第三种神法,是有关生命之灵性、基督教会管辖范围的法律,它们通过圣灵的活动被直接而有效地镌刻于选民的内心,由此我们表现出他赋予生命的权力。

现在,我在这里所说的——有关神法被启示的三种方式——必须被正确地理解;换言之,它们通过每个特定情境下恰当和明显的方法被启示。事实上,如果说摩西之前以及摩西的时代,神法还未被写入很多人的心中,我不会惊讶。然而,这种方式更加适合新约以及基督教会,就像我们从《耶利米书》第 31 章第 34 节和保罗那里了解的一样。相应地,基督说,他后来会通过圣灵的活动将他的话写在所有选民的心中。使徒后来在他们的书中写下了同样的话。因此,在摩西时代之前被口头讲述、由摩西写下并为基督所布道的法律,经由圣灵恰当地传给我们。

第一种方式很好,因为它经由上帝本人之口,但是下一种方式更好。书面的东西比仅由口头传达的东西更加确定。但是第三种方式最好,因为圣灵镌刻在心中的事物不仅是最确定的,而且是最有效的。让我首先概述第一和第三种方式,以便我能更加自如地详述后面有关成文法的讨论。

第七章　第一种神法

在某个特定之人制定法律和颁布特别诫命之前，上帝，从创世之际到摩西时代，通过口述正式宣布和制定了某种属于全人类的法律。

第一条法律是有关人类繁衍和维护人类高于所有被置于人类之下的东西的地位的。《创世记》第 1 章第 28 节："神就赐福给他们，又对他们说，'要生养众多，遍满地面，治理这地；也要管理海里的鱼、空中的鸟，和地上各样行动的活物'。"

事实上，虽然在这些话中是上帝赐福于人类，但是毫无疑问，法律也给所有人施加了义务，要求其负责保护和繁衍人类；换言之，只要我们排除主已经排除的人。

这些人是谁？两种人：第一，性无能和不生育的；换言之，他没有赐予生育之福的那些人。第二，他赐予自制恩典的那些人，因为他赐予他们如果愿意可以禁欲的特权。其他人要受到这一一般法律的约束，因此，如果他们没有自制的天赋或从本性或行为而言并非阉人，就会违反法律。事实上，基督自己说，他们没有"努力使得生育合法化"。[1]在这方面，牧师和整个罗马教廷都犯了大罪。

同样，那些应该管理动物并使它们服从自己，但是将上帝赐予他们的荣誉与责任就像外邦人那样交给野兽的人是有罪的，而且有些人直到今天依然这样做。那些给某些野兽比给人类更多荣誉的人也有罪。

第二条法律涉及食物。《创世记》第 1 章第 29 节："看，我赐给你们各种菜蔬……作食物。"这一诫命的原因很简单：巴西利厄斯（Basilius）说，在大洪水之前，人类不吃动物。

第三条法律在《创世记》第 2 章第 17 节，是关于不吃分别善恶树上的果子的。通过这部法律，所有人类都和亚当（Adam）联系在了一起。因此，当他违反了这部法律，整个人类也都违法了。

第四条法律涉及婚姻；尤其是，不涉及与父母而是与其他法定代理人的联合，因此是有关贞洁和不可分割性的婚姻，就像基督在《马太福音》第 19 章、《创世记》第 2 章第 24 节所描述的："因此，人要离开父母，与妻子连合，二人（二者，就像基督解释的那样）成为一体。"后来，这条法律得以更加充分地解释。首先，对那些结婚的人而言，随便与任何人结婚是不对的。因此，繁衍后代却没有一个合法妻子的人有罪；仅为了放纵欲望的人的罪孽程度更深。第二，与父母或者继父母结婚也有罪。第三，解除婚约的人，或者不与配偶培养爱情与和谐关系的人，也有罪。最后，同时娶不止一位妻子的人，就像《创世记》第 4 章第 19 节中拉麦（Lamech），同样有罪。

第五条法律涉及妻子对丈夫的责任以及丈夫对她的权力与权威要充满爱意与智慧地行使。《创世记》第 3 章第 17 节*："你必恋慕你丈夫（例如，你会处于你丈夫的权力之下），你丈夫必管辖你。"妻子不愿意顺从，不听从她丈夫，却想管辖他们，就违犯了这条法律。不过，如果丈夫漠视他们对于妻子的权威，不做妻子的首领，不是智慧地而是残暴地管辖她们，或者不爱恋而是憎恨妻子并且对她们不好，那么丈夫也有罪。

第六条法律是避免懒散，通过我们的劳动供养我们自己、我们的孩子以及我们整个家庭。《创世记》第 3 章第 19 节："你必汗流满面才得糊口。"因此，懒惰的人、放高利贷者、盗贼、暴君、压迫者以及骗子违反了这

---

* 《圣经》和合本中为第 16 节。——中译者注

一诫命。

第七条法律涉及长子高于其他孩子的尊严和权威。《创世记》第 4 章第 7 节：提到亚伯（Abel），上帝赐予了该隐（Cain）长子身份，"他必恋慕你，你却要制服他"。[2] 违反这一法律可能有多种方式：长子可能对弟弟专横，因此弟弟们并未真正得到监督，或者长子可能被他的弟弟们统治。此外，这一法律明确了我们对基督、对有很多弟弟的长子负有责任，以及他对我们的权力。我们必恋慕他，他必管辖我们。

第八条法律涉及不吃带血的肉。《创世记》第 9 章第 3—4 节：大洪水过后，上帝允许吃肉，但也告诫不许吃肉上带的血。"你们不可吃……带血的肉"。就字面而言，这是一条有时间限制的法律，但是就其精神而言，它是永恒的。其精神包含在下面的法律中。

第九条法律涉及杀人。《创世记》第 9 章第 5—6 节："凡流人血的，他的血也必被人所流。"不论是谁，不仅杀人，连轻微地伤及邻人，都违反了这一法律。

这些就是神法从人类堕落前后直到摩西时代仅凭上帝口述而没有任何经文而被赐予的诫命，它们现在在上帝的教会内依然得到遵守。有关第一种类型说得够多了。

注释：

1. 可能译自《路加福音》12：58："务要尽力和他了结。"*Liberari*，"解决"（to settle）很容易和"*liberi*"，"*erorum*"，"孩子"（children）混淆。
2. 新标准修订版《圣经》（NRSV）用中性代词替换了男性代词，将被制服的事物理解成罪本身，这是一种更好的解读。

第八章 论圣灵的法律

第三种神法包括圣灵的法律和基督教会生活的法律，它由使徒在《罗马书》第 8 章第 2 节中订立，以对抗罪与死的律："因为赐生命圣灵的律……释放了我，使我脱离罪和死的律了。"

虽然自然法据说已经被镌刻于人类的心中，如前所述，但它依然不能被称为圣灵的法律，因为它不像圣灵的法律那样通过圣灵的认可而镌刻于内心，也不像圣灵的法律那样存在于我们的内心。自然法仅教导必须做什么，禁止做什么，以及警示和推动人们去做一切可能的事情。然而，它做这一切并没有展示制定或执行权力本身；它仅仅让我们看到天生更好的东西，遵循被认可的更好的路径。但是，圣灵的法律不仅教导我们而且持续存在，有效地推动我们顺从上帝。

此外，就其精神而言，圣灵的法律就是上帝的意志，通过圣灵的权力铭刻于我们内心。通过它，我们不仅知道真正的上帝、尊敬和正直，而且被敦促着去敬畏、信任、热爱、崇拜和顺从他，去爱和服务邻人，去治死己身（die to ourselves），因为上帝的力量抵制所有邪恶，只在耶稣里生活，正如我上面所强调的那样。

上帝在《耶利米书》第 31 章第 33 节中亲自教导说："我要将我的律法放在他们里面（例如，主解释为内心），写在他们心上。"这个律法是什么？显然，就是他早前赐写在两块石版上的律法，就是上帝的永恒意志。

因此,这一律法的精神与早前律法的精神没有区别。事实上,它将我们拉回到对上帝与我们邻人的爱上面。然而,因为它被赐予的方式区别于其他律法——换言之,通过圣灵——区别在于:它是有效的,其他律法是无效的。

上帝通过先知提到了这种有效性,他说道:"我要作他们的神(完全和有效地),他们要作我的子民。他们各人不再教导自己的邻舍和自己的弟兄说:'你该认识耶和华。'因为他们从最小的到至大的,都必认识我(真正有效的理解)。"[1]

因为这种律法是以一种新的方式通过圣灵的认可和赐予生命而镌刻于选民的心上,而其他律法仅仅是写在石版上,所以早期的律法被称为"成文法",而这种律法被称为"圣灵的法律"。一种是死的和垂死的法律,因为它缺乏生命灵性的力量,而另一种是生命和复活的法律,因为有圣灵的力量。

因为这个原因,《雅各书》又称这种法律是使我们自由的全备之法,因为它免除我们的罪,使我们真正自由。[2]

在《约翰一书》第2章第7节中,有关爱的诫命,包含着整部法律,被称作基督和我们内心的"新诫命",因为它由基督以一种新的方式赐予我们,好像赐予法律已经完美地镌刻于其内心的人们一样。对于我们,法律由基督以一种新的方式向我们宣布,它的确是通过圣灵的力量镌刻于我们的心上。因此,它受到《新约》和基督教会之法的管辖。

现在,违反这部法律是否会犯罪?有人会违反一部(正如保罗所言)使我们免于罪与死的律法,这看起来很荒谬。

然而,尽管如此,同样真实的是:正如保罗所言,当我们反而去顺从恶法而不是圣灵的法律时,存留于我们内心的圣灵常常为我们悲伤,换言之,为圣徒感到悲伤。

因此,如果选民和悔悟者的肉欲恢复,违反上帝写在他们内心的法律,如果他们在肉欲的力量之下妨碍和削弱圣灵的行动和激励,如果他们出于自己的欲望阻挠和扑灭这部法律在他们内心燃起的火焰,如果他们因为肉体的腐败毒害了圣灵的全部事业,他们就违犯了这部法律。

所以,我们罪恶本性腐化效果的严重性显而易见,因为这部法律是生命圣灵的法律,通过圣灵的认可镌刻于我们内心,我们不应该违犯它。所以,出于这个原因,我们意识到基督的仁慈事实上多么重要。一旦我们所有的罪恶因为他的恩典立即获得饶恕,他就在我们在他的天国中得以永远脱离这些罪之前宽恕了每一个人的罪。

而且,就像我说过的那样,只要罪有可能违反圣灵的法律,那么对这种圣灵的法律的保障也同样适用于我的讨论。

这种法律不是使徒说"法律本是叫人知罪"时所讲的那种法律,[3] 因为即使一个人通过自然法、人法、口头宣布的上帝的律法甚或圣灵的法律知晓了罪恶,从我们能够违犯它们(正如我早前解释的)时起,我们依然每天都违犯它们,尽管使徒正确地指出,摩西制定和收集的法律本是叫人知罪。由于这个原因,这种法律也常被称为"成文法"。

所以,现在我要谈谈这种法律。

注释:

1. 《耶利米书》31:33b–34。
2. 《雅各书》1:25。
3. 《罗马书》3:20。

第九章　论摩西的法律

　　我没有必要定义这种法律。从我前面对法律的一般描述中，也很容易定义这种法律。而且列出《圣经》中它的称谓也没有问题。第一，最有名的术语是**律法**（*Torah*），它首要的意思是**教导**（teaching），即上帝赐予的、有关我们对上帝和邻人责任的教导。后来，它被称为戒律（*Mitzvah*）或者尺度（*Pikad*），即规则，这是就其制定的规则而言恰当的术语。它还被称为祖宗的篇章（*Avot*）或见证者（witness），因为它通过成文法明确证明了上帝的意志。它还被用这样的术语来指称，如上帝的**诫命**（commands）、**裁判**（judgments）、**正当**（righteousness），被摩西与先知以及大卫在《诗篇》开篇称为立约（covenant）。用这些术语有重要原因，但是我并不想在这里逐条解释。

　　然而，摩西本人在《出埃及记》第 19 章和第 20 章以及其他地方清楚地回答了下列问题：整部法律由谁、为了谁、通过谁，何时、以何种方式以及在哪里制定。要点如下：

　　在以色列人被带出埃及之后的第三个月，大约是创世第二个千年之后的 441 年，整个人类已经为聆听上帝准备了三天，彼时正站在西奈山的脚下，他们已经听见神的吼叫在大山深处回响——就像法律将被宣布时经常发生的那样。那时，主的使者，* 耶和华（Jehovah），从他的众多天使中降临到山顶，像他惯常一样呈现人形，[1] 他带着最大的庄严与荣耀，面对 6000 多位听众，以雄伟有力的声音宣读了他的律法十诫（the Ten Commandments），正如《出埃及记》第 19 章和第 20 章的清楚记载。

然后，他在十诫之上增加了下列评注。第一，他赐予了**圣训**（*Mishkat*）或者审判的法律，摩西从主的口中听到它并记录下来，之后将它与人们联系起来，正如我们在《出埃及记》第 21—25 章所读到的。其次，他赐予了有关典礼和仪式的法律，《出埃及记》第 25—32 章有描述。摩西与主在西奈山上待了 40 个日夜。摩西不吃不喝。最后，主不满足于仅凭口述制定这部法典，还为摩西写下了他的律法的总结——这就是十诫。他用自己的手指将这些律法刻在两块石版上，并将它们赐给摩西去遵守。这件事他并非只做了一次。

在《出埃及记》第 32—34 章，我们了解到，他第二次这样做是替换之前被摩西打碎的石版。摩西在《出埃及记》第 35 章向人们详述了这一切，并在《申命记》第 9 章和第 10 章重复了这个故事，尽管他也在其他段落中提到，上帝将他的律法镌刻于这些石版上，字是上帝亲笔写下。司提反（Stephen）在《使徒行传》第 7 章第 38 节、保罗在《加拉太书》第 3 章第 19 节中写道，十诫通过信使传到了中间人（mediator）——摩西——手中。

我读到，律法藉圣子的诸多中保和助手——他的仆役——而来。司提反还称，摩西从一位杰出的信使那里接受了法律。这当然就是圣子本人。

总结一下以说明成文法的作者。它借由圣子来自于神。它被赐予

---

* 圣经旧约中有若干处提到"耶和华的使者"或"主的使者"时，显示这就是上帝自己取了人的形体，短暂地向人显现。如《创世记》16：9，13；《创世记》22：12；《创世记》31：11，13；《出埃及记》3：2，6。但旧约中也有提到"耶和华的使者"与上帝自己不同的，如《撒母耳记下》24：16。宗教改革时期的新教改革家认为，旧约中以"耶和华的使者"形式出现的，就是基督，如加尔文《基督教要义》I. 13. 10。——中译者注

了谁？以色列人。通过谁？通过天使——圣子的仆役——传给了摩西，并通过摩西传给了人们。什么时候？在他们自埃及获得解放之后第三个月。在哪里？在西奈山上。以何种方式？《出埃及记》第19、32和34章**清楚地**阐释了这一点。

摩西在很多书中解释了这部律法，但解释最清楚的是《申命记》。后来大卫在《诗篇》中、所罗门在《箴言》中也解释了这部律法，对人们而言，所有的先知都是它的解释者，就像后来的基督和使徒一样。

因此，迦坡加德（Carpocrates）否认上帝是通过摩西赐予以色列人的律法的作者，奥古斯丁在他的论著《驳律法与先知的敌人》（*Against the Enemy of the Law and the Prophets*）第二卷最后一章的教导中反驳了他。同样遭到反驳的还有摩尼教派（Manicheans）和马吉安派（Marcionites）的谬误，两派指责这部律法是邪恶的。由完美的上帝赐予的律法怎么能不好呢？保罗在《罗马书》第7章第12节中明确说道，这部律法神圣而良善。

如何理解《以西结书》第20章第25节中的话："我也任他们遵行不美的律例"？这一段没有拒绝律法吗？根本没有。相反，它确认了上帝赐予的律法是好的。在前节中，他讨论了这一点。在这一节中，他说的是外邦人制定的、有关偶像崇拜的法律。上帝已经将他的子民交到它们手中，所以拒绝美好上帝的人必然会顺从这些邪恶的法律。《罗马书》第1章第24节谈到了同样的事情："神任凭他们逞着心里的情欲"。

记住，这部律法是单赐予犹太人的——不是赐给外邦人的。那么，为什么国家要遵守摩西律法规定的很多事情呢？他们从自然法中了解它们，虽然一些人也借鉴摩西律法，就像殉道者游斯丁（Justin Martyr）对柏拉图（Plato）的论证，以及尤西比厄斯（Eusebius）有关西泽瑞恩苏斯（Caesariensus）的论述。

为什么上帝用这部律法荣耀犹太人而不是外邦人呢？这并非是因为犹太人的美德，而是因为神的恩典。因为恩典，他偏爱犹太人胜过外邦人。摩西在《申命记》第4章第36—37节中写到了这一点："你听见他从火中所说的话……因为他爱你的列祖。"他在第 9 章中对这种恩典解释得更加清楚。大卫在写作《诗篇》第 147 篇第 20 节时也提到了这一点："别国他都没有这样待过；至于他的典章，他们向来没有知道。"

从这些段落中可以清楚地看到，外邦人从未受到这些律法的约束，只有犹太人受到约束，因为这律法不是赐予外邦人而是赐予犹太人的。参见《罗马书》第 2 章第 14 节，外邦人"他们虽然没有律法（即成文的摩西律法），自己就是自己的律法"，以及《罗马书》第 2 章第 12 节："凡没有律法犯了罪的，也必不按律法灭亡"。因此，保罗没有像指控犹太人那样指控外邦人违犯了摩西律法。相反，他谴责他们违犯了自然法。为什么会这样？因为法律只针对受它管辖的人。

因此，使徒时代的犹太人在想让皈依基督的外邦人遵守摩西律法时，犯了两桩罪，因为外邦人从未受到这法律的约束，它根本不适用于他们，而且因为基督本人甚至曾经允许犹太人不服从这律法。那么，如果基督徒们想让今天的人们，外邦人和统治者，服从犹太人的法律，该是多么大的罪孽啊！只要那些律法是向以色列人宣布的，就不适用于外邦人。只有当它们符合自然法且为基督本人所确认时，它们才适用于所有人。

这一背景回避了时间问题，或者说为什么上帝没有早点将这部律法赐给教会？这个问题的答案很简单：这是他的意志。但是这其中有一些原因。

第一，上帝和自然通常将法律从一种不完美的状态提升到完美状态，尤其是在人类堕落之后。这一点有一个很好的理由：人们早前通过理解不完美的事情为更完美的事情做准备。因此，上帝在他派遣救世主之前允诺有拯救和救世主，他让基督在肉身显现之前隐藏在阴影中，让我们在当面见到基督之前通过通往神秘之境的镜子看他，让我们在主得到完美重生之前重生得不够完美。也是因为这个原因，他在赐予我们圣灵的法律之前，赐予了我们自然法——一部更加不完美的法律——以及成文法。这是第一个原因。

第二，上帝希望这个世界和他的子民不需要这部律法。他想让所有人都生活在影儿中，不知道各种罪恶，以使他们后来可以理解赐予他们的律法是完美的，理解这样做不是因为他们的美德而仅仅是因为上帝的恩典（就像我早前引用的摩西和大卫的话）。

第三，因为基督，这部完美的律法已经注定属于作为亚伯拉罕（Abraham）子孙的上帝的子民。这个群体不会是几个人而是很多人。因此，即使他们的祖先亚伯拉罕和他众多的儿子出现在他们面前，在他们的人数增加到能被恰当地称为一个"民族"之前，他们依然不能被赐予这部律法。在此之前，他们仅仅是有几条一般诫命的家族。在埃及，他们是不受自己法律统治的奴隶，但是按照许给亚伯拉罕的诺言——他的子孙多得像海边的沙子一样——他们的数量在那里不断增长。最后，以色列人被从埃及的奴隶制度下解放出来。那时，他们终于成为一个自主的民族，服从于一位领路人——上帝。最后，他们被赐予这一有利的律法，通过这部律法这个民族可以自己统治自己，以区别于外邦人。

换言之，一个新的民族需要一部新的法律。那么，亚伯拉罕的子孙最终成为一个民族，人数上增长并被从奴隶制下解放出来。

有关法律的时间就说这么多。

然而，还有一个终极原因。这个原因有很多要点。我会在后面详述，这里只做简要介绍。

一个要点是，这个民族采取了一个国家和一个教会的形式。在这方面，它有别于外邦人。它被聚集在一个首领——上帝——之下，在真正的宗教中自主治理，并保持正当和良善。当国家被建立、统治并区别于其他国家时，人民受到法律约束。

摩西在他的颂歌中提到了这一点，他将法律比作绳索，通过它以色列人作为上帝的继承人得以与其他民族区分开来。使徒保罗在《以弗所书》第2章第14节中也将法律比作区分犹太人和外邦人的分隔墙。

第二点是,他们要更好地知晓上帝、他的意志、应该做什么或不做什么;换言之,以前在自然法中不明确的事情。因此,它被称作证明上帝智慧的"教导"。大卫在《诗篇》第 47 篇[*]第 20 节中也这样说,他写道,"别国他都没有这样待过;至于他的典章,他们向来没有知道"。

第三点紧接着这第二点而来,即通过认可他们过去不可能展示的上帝的意志,他们能比之前更好地理解他们的罪以及他们行善的无能。那么,他们在上帝面前会谦卑,并寻求他的帮助和宽容。《罗马书》第 3 章第 20 节:"律法本是叫人知罪。"

最后一点是,在基督降临赦免他们的罪并拯救他们之前,他们必须找到并衷心地接受一位严厉的导师。保罗在《加拉太书》第 3 章第 24 节中承认了这一点:"律法是我们训蒙的师傅,引我们到基督那里。"

这就是关于第二种神法——成文法——以及整部法律总的目标和应用的一般论述。现在让我谈谈这部法律每一种分类的特定目标,并在此之后谈谈每种分类本身。

命题 2

成文法有三个基本的组成部分:命令(commands)、应许(promises)和威慑(threats)。

通过**命令**,主教导我们禁止做什么,必须做什么,并使两者成为我们法律上的义务。

通过**应许**,义人受到感动去行善和取悦上帝。

通过**威慑**,如果他们不做上帝禁止的事情,他们就免受邪恶侵害。

命令还被进一步地分类,不过目前我更想论述其他两种分类,以使得我能更加自如地与其他种类进行比较。

---

[*]《圣经》和合本为第 147 篇。——中译者注

命题 3

一些法律应许是明确关于天国或永恒事物的。其他的则是关于人间或世俗事物的。然而两个种类之下属灵事物都可以得到理解和预示。

《出埃及记》第 20 章第 5—6 节必定被认为是圣灵的："我……是忌邪的神……爱我、守我诫命的，我必向他们发慈爱，直到千代。"《利未记》第 26 章第 12 节* 也说道："我要在你们中间行走，我要作你们的神，你们要作我的子民。"

那么，保罗在《哥林多后书》第 6 章第 16 节的话应该被理解为探讨上帝通过他的圣灵留存于我们的内心。

然而，基督令人信服地证明了这一点，他说神是任何以耶和华为神的人的神，那人将被提升至永生。事实上，当基督对年轻人说："你若要进入永生，就当遵守诫命"时，[2] 就被认为是在谈论永生。什么是永生？上下文显示他在讨论**天国**（heaven）中的生命。

因此，这部法律包含了圣灵恩宠和永生的应许。

但是，还有无数世俗的应许，正如在《申命记》第 28 章所看到的，有关土地、家庭或任何地方或任何方式的多产。他还应许了占有迦南的土地并在其中长久地生活（long life）。

然而这些世俗的恩宠之下，《希伯来书》的作者明确表示这些应许是永恒的。使徒用迦南的土地作为例证，他说，亚伯拉罕和犹太人的其他先祖曾作为客旅寄居生活在那片土地上，期盼着某块属于他们自己的土地，即天国的土地。他说："他因着信，就在所应许之地作客，好像在异地……因为他等候那座有根基的城，就是神所经营、所建造的。"[3] 他后来补充了关于亚伯拉罕和其他信心伟人的话："这些人都是存着信心死的，

---

* 原文为"《利未记》第 16 章"，对照《圣经》和合本，此处应为"《利未记》第 26 章第 12 节"故作此校正。——中译者注

并没有得着所应许的,却从远处望见,且欢喜迎接,又承认自己在世上是客旅,是寄居。说这样话的人是表明自己要找一个家乡。"[4] 从中可以明显看出,上帝应许尘世的恩宠时,也会表明和应许天国的事物。

命题 4

在神对违反他律法的人宣布的威慑或诅咒中,一些明显是圣灵和永恒的,其他则是肉体和临时的,但是也包含某种永恒的东西。

关于圣灵和永恒的诅咒,参见《申命记》第 27 章第 26 节:"不坚守遵行这律法言语的,必受咒诅!"

保罗对威慑有不同的阐述,参见《加拉太书》第 3 章第 10 节。在《利未记》第 20 章和其他地方,神再次威慑说,他会将违反他律法的人从圣地扔进外邦人的土地,在那里会将他们治死——除了他会将他们逐出教会并让他们在偶像崇拜中不被原谅地死去并永远受到诅咒,他还有其他意思吗?

现在来看关于永恒之物依然可以借其彰显的临时惩罚,这在《圣经》中充满了例证——《利未记》第 20 章、《申命记》第 28 章以及其他的。出于这个原因,那些认为生活于旧约时代的人仅有肉欲——心灵之物的一种类型或象征——而在心灵上一无所获的人,真的错了。所以,不能说带着未了断的罪孽死去的人是永死,也不能说在真正虔敬中长眠的人过的是天国的生活——因为这完全违背《圣经》和上帝的公义。

那么,我已经论述了法律的应许以及给予的惩罚。

现在,让我写一下命令本身。一些是律法,其他的是律法的命令。这些是法律的一部分,**不是法律的全部**。

命题 5

神法的一些命令与行为有关,即普遍适用于所有人的律法——被称为道德法。其他的命令涉及政治和法律事务,它们被称为审判法。还有其他有关宗教仪式的,这些被称为礼仪法(ceremonial law)。

道德命令是关于我们应该展示给上帝和邻人的一般责任的,它要求我们不做有违上帝荣耀或邻人福祉的事情,而做有利于二者的事情。所以,它被称为所有人的"道德法"。**它是所有神法的基础和本质**(It is the basis and essence of all divine laws)。

摩西在《出埃及记》第21章中紧随道德法之后提到了审判法。其在很大程度上是有关法官以及为了治理人民应做的事情。它们大部分来源于第二块律法石版。

礼仪法是规范管理教会事务的典礼和仪式的法律。它们源于第一块律法石版。摩西在《出埃及记》第25章开始列举这些法律,尽管这类命令中有一些还被加到第二块石版的命令中,我们在下文将会见到。这是(十)诫命的主要区分点。

过去,道德法根据两块石版被分为两部分。我后面会讲到这一点。审判法和礼仪法也有细分以更好地加以组织。我将首先讨论审判法的重点,接着是礼仪法。然后我会给出我对摩西十诫的解读。

命题 6

正如社会关系有四个明显的种类一样,治理一群人的法律也被分为四种。

第一种是法官、统治者和普通公民之间的关系。

第二种是公民之间的关系。

第三种是发生于家庭内部成员不同组成部分之间的关系:丈夫与妻子,父母与孩子,主人与仆人。

第四种是公民与客旅者和寄居者之间的关系。

有了这四种关系,每个独立的人群或国家也被这样分类,以使得所有人都被包括在这些类别中。因此,如果要得到有效治理,有必要使每个种类都有某种法律。这样,所有的司法命令都与这四个种类有关,通过这些命令，主想建立国家和统治其子民。

首先，最重要的是，我们拥有与统治者和法官有关的法律，关于他们的选任及其对公民责任的法律，以及有关公民应对他们的统治者表示顺从和尊敬的法律。

没有必要列出包含在这些事物中的每部法律，以及那些与这一种类相关而和我的一般性讨论无关的法律。因此，我只会谈几点。

注释：

1. 这一信仰的证据参见：《使徒行传》7：38；《加拉太书》3：19；以及《申命记》33：2。
2. 《马太福音》19：17。
3. 《希伯来书》11：9－10。
4. 《希伯来书》11：13－14。

第十章　论犹太国的法律

这些法律我没有全部列出，除非我认为某种法律看起来，至少部分看起来制定得良好、审慎且完美。

起初，有三种政府：君主制、贵族制和民主制。最完美的是君主制，国王的统治，不仅因为上帝曾以它为范本并统治它，而且因为上帝一直希望有一个人代表人民，就像最初的摩西，接着是约书亚（Joshua）和士师，然后是国王，然后是官长（leaders）和神父。

上帝将这些人的选任权保留给自己，所以他可以表明他是护理着所有人的王。所以，摩西在《民数记》第 27 章第 16 节有关继承的讨论中说道："愿耶和华万人之灵的神，立一个人治理会众"，这样，约书亚当选。这也是我们读到的有关单个士师的论述。《士师记》第 2 章第 16 节以及其他地方说道，"耶和华兴起士师，士师就拯救他们……神之灵就降临他们"。同样的原因，他将国王的选任权留给自己。因此《申命记》第 17 章第 15 节中的律法这样说道："你总要立耶和华你神所拣选的人为王。"君主和国王都是如此。

另一种政府是贵族制，从所有最好和最智慧的人中选出 72 位长老去管理人民。关于这些长老，摩西在《申命记》第 1 章第 15 节中评论道："我便将你们各支派的首领，有智慧为众人所认识的，……立他们为官长。"这是一种贵族制。

还有一种是民主制,只要所有最好的人是由每个支派和所有人从每个支派中选出,正如摩西在《申命记》第 1 章第 9、13 节中所说:"我对你们说……'选举有智慧……的。'"因此,这是最好的政府形式。

就法律而言,他挑选了有关国王和士师的选任、生活方式以及责任的最好的法律。

《申命记》第 16 章第 18 节中的律法说道,"你要在耶和华你神所赐的各城里,按着各支派,设立审判官和官长。他们必按公义的判断审判百姓。"

《出埃及记》第 18 章第 19—22 节表明这些法律应该是什么样子的。《出埃及记》第 23 章第 23 节、《利未记》第 19 章第 15 节以及《申命记》第 1 章第 16—17 节都描述了他们在审判时的责任。《申命记》第 17 章第 14 节及以下是有关国王行为的。简言之,这一法律首先要求在选举国王时,人民要等待主的判断。它这样说:"你总要立耶和华你神所拣选的人为王。"

第二,这一法律要求他们从人民自身而不是异族中挑选国王。

第三,这一法律规定了国王的生活方式。他禁止积聚战车、马匹、妻妾或者巨额的财富。理由是,由于对这些事物的欲望以及这些事物的丰富,国王可能很容易变成暴君。

第四,这一法律规定了国王的宗教。他应该是虔诚的教徒,一直阅读上帝的律法并且思考它。他必须一直敬畏上帝并遵守他的诫命。

第五,他必须承认,顺从于他的人**都**是他的兄弟姐妹。他不能傲慢地轻视他们,压迫他们或者使他们遭受不公。

为了使他们的审判不出错,上帝为裁判以及源自裁判的所有法律都提供了范本,这些范本列于《出埃及记》第 21、22 章和其他地方。这些法律教导审判官在每个特定的案件中要怎么做。

此外,每种罪行的刑罚都被列出,以使得他们在轻重和正义的形式上无论如何不犯错。他还希望刑罚的轻重符合罪行的严重程度,正如

《申命记》第 25 章所写的那样。

事实上，所有刑罚都很公平和公正，达到最大程度的审慎，只因为他伟大的恩宠。

这些刑罚包括罚款，比如盗贼必须偿还盗窃金额的 4 或 5 倍；[1] 监禁（chains or bonds）；[2] 鞭打（floggings and lashes）；[3] 羞辱，比如不愿意迎娶死去兄弟之妻子的人（她要朝他脸上吐口水）；还包括被以多种方式执行的死刑。[4] 因此，罪行也可以被刀剑、石头、火或者十字架惩罚。《出埃及记》第 21 章第 22—25 节提到报复的法律。对盗窃但是无法赔偿的人还有奴役的刑罚，对于虽然依据法律在第七年可以获得自由但却不愿意接受奴役的人，还有永久奴役的刑罚。但是，上帝不希望他的子民被处以流放的刑罚，因为他不愿意看到，当他们在以色列边界以外游荡时受到外邦人的习俗和偶像崇拜的引诱。

还有，因为他希望统治者不但依据第二块石版，而且依据第一块石版——在宗教事务上——监护他的子民，他为违反这些律法规定了最严厉的刑罚。依据这些刑罚——亵渎者、叛教者、诱惑者、假先知、巫师、施妖术的人、命理学家之类的人要被惩戒。《出埃及记》第 22 章第 18 节说："行邪术的女人，不可容她存活。"存在规制灵媒和巫师的法律。[5] 他在《申命记》第 13、18 章规定了惩治异端、分裂宗教者和叛教者的法律。亵渎者、[6] 不守安息日者、[7] 不敬父母的子女、[8] 亵渎神灵者以及迫害者，将被处以死刑。他不愿意**任何人**被姑息。"打父母……（或）咒骂父母的，必要把他治死。"[9] 因此，就像我们后面看到的那样，每一种违法行为都有特定的刑罚。

那么，这就是政治法的概论，即有关君王和统治者的选任及其对人民的责任。这仅仅是概要。**上帝在其律法中没有详细规定的东西不能用来要求统治者**（Nothing that God did not prescribe at length in his laws can be desired in any magistrate）。

同样，当论及人民对其统治者的责任以及必须对他们表现的尊敬和顺从时,这一律法几乎没有不足之处。参见《出埃及记》第 22 章第 28 节:"不可毁谤你百姓的官长。"《申命记》第 17 章第 12 节将不顺从官长的人治死。

有关第一种法律,我所说的比我的论证所要求的或许要多,不过我这样做,人们就可以从这些话中推论出关于其他种类(的法律时)也应该想到什么,即它们是完美的,在它们中间看不到瑕疵,在人类交往的每个层面,上帝已经明智地为我们做了规定,因为这些法律中很大一部分是适用于统治者和法官的,并因此被称为审判法。我将简要论述其他种类。

第二种司法命令包括处理公民之间关系的法律。只要公民之间建立了关系,公平、正义、和平与诚实就应该得到维护,而且如果他们之间偶然出现了争吵,必须尽可能依法解决。这些法律包括有关分配财产、田地和继承自父母的动产的法律。[10] 还有关于买卖、借贷、租借、返还押金、[11] 提供无息贷款[12] 以及供养变穷的兄弟以使其不必在城市乞讨。[13] 还有为摊贩规定公平度量衡的法律。[14] 甚至还有规定支付工人报酬并不得耽搁至次日的法律。[15] 规定购买奴隶的法律也是这样产生的。[16] 上帝在这一段中还讨论了将女儿卖为奴隶的问题。有支付和收取费用的法律以及人与人之间如何恢复原状或补偿的法律。[17] 有惩治各种欺诈的法律,[18] 关于抵押和保证的法律规定,抵押和保证一旦作出,就成为公认的债务,应该归还和偿付而不是相反。[19] 上帝还在他的成文律法中教导说,如果公民之间出现争议应该如何解决和裁判,以及如果没有 1 或 2 名证人作证应该如何使控告无效。[20] 他还为过失杀人的人提供建议。[21]

接下来是有关缔结婚姻的法律。禁止与崇拜偶像的外邦人[22] 或者与亲属和血亲[23] 结婚;然后是禁止玷污与各种不道德性关系的法律。[24] 最后是有关人们应该互相爱护和不憎恨他人的法律,以及警告和纠正侵犯他人的人的法律。[25] 还有提防说谎者和做伪证者的法律。[26]

简言之,所有能打动我们去维护家庭与邻人之间的善意、和睦、诚实和宽容的东西,所有为保持教会宗教纯洁所必需的东西,主都将其纳入他的审判法中。通过给出的几个例证可以理解第二种类型中的所有法律。

因此,带着对这部分讨论的满足,让我们转入第三种法律。

第三种类型包括适用于家庭及其内部每个家庭成员的法律。因此,它包括的命令涉及父母对子女和子女对父母的义务,丈夫对妻子和妻子对丈夫的义务,男女主人对男仆女佣的义务和奴隶对主人的义务,[27] 以及兄弟姐妹互相之间的义务。上帝命令父母教导子女有关他们被拯救出埃及以及获得救赎的神迹,让他们记住律法,不论他们在家中、出门或是休息,要引导子女信仰真正的宗教,养成良好的习惯。如果子女犯罪,父母应该惩治他们并依据法律的规定惩罚他们。"人若有顽梗悖逆的儿子,不听从父母的话,他们虽惩治他,他仍不听从,父母就要……将他带到……本城的长老那里……本城的众人就要用石头将他打死。"[28]

《出埃及记》第 21 章第 7—11 节表明了亲权对孩子有多大,它声称在极端贫困的情况下卖女儿是合法的,但是上帝在他的律法中警告说他们不可无端地剥夺女儿的继承权。[29] 同样,《民数记》第 27 章第 1—11 节说明,(在被继承者没有儿子的情况下)法律通过赋予其女儿优于其他男性继承人的合法继承权,将遗产保留在家庭内部,而不是不经意间转移到家庭之外。

摩西作品中的很多法律有关子女对于父母的义务,那时是被用来解释有关尊敬父母的诫命。最重要的是,上帝要子女顺从父母,甚至连子女未经父母同意的誓言他都不愿意认为是合法的,[30] 而且如果有人咒骂父亲或母亲,这个孩子将被处以死刑。[31]

有关丈夫对妻子,以及相应地,妻子对丈夫义务的法律规定了结婚、爱配偶、珍惜配偶,甚至,必要的话离婚。在被制定的法律中,这些是最有用和公正的。主禁止与外族人通婚,所以分配给每个支派的东西不会混在一起,或者从支派继承到支派的东西不会因此发生转移。所以家族得以保护,他们祖先的记忆得以维系。他还要求兄弟或其他亲属娶已故兄弟的妻子并收养他的儿子。[32] 他为何禁止异族通婚?因为他们有被诱惑加入其他宗教的危险。[33] 他为何禁止与亲属结婚?因为他们所拥有的自然属性。[34] 他不允许粗暴地移交和对待新娘。[35] 所以,对妻子提出错误指控的人将受到严厉的惩罚。为了使夫妻间的结合有更多爱,上帝不允许刚刚结婚的人奔赴战场或者担任公职,这些会让他无法使妻子快乐以及拥有孩子。相反,他可以在 1 年之内不承担任何公职。[36]

还有关于颁发离婚证书的法律。[37] 在这一段中,上帝既考虑了妻子也考虑了家庭的安宁。最后,他选择了屈服于丈夫的硬心肠而不是允许更为严重的罪恶。

这一律法并未忘记规定奴隶与主人。这些是极为公正的法律。一些在《出埃及记》第 21 章;其他在《申命记》第 5 和 15 章。

总而言之,主用他的家政法规范单个的以色列家庭,以使他们能过上幸福长久的生活。

第四种法律包括调整第四种社会关系的法律,即以色列人应该如何对待客旅和寄居者(strangers and foreigners)。公民与寄居者的关系可能是两种中的一种——友好或敌对,摩西的书中对每一种关系都有很好的政治法。首先,我来看友好的关系。《出埃及记》第 22 章第 21 节:"不可亏负寄居的,也不可欺压他。"这些法律是针对路过以色列领地的客旅,那些流动商贩,或要来定居的人。即使他们希望被以色列国接纳,上帝也不想所有人都以同样的方式被接纳。这些人中有在以色列出生和长大的埃及人,也有雅各(Jacob)的哥哥以扫(Esau)的后裔——以东人(Edomites)。上帝将接受他们为耶和华的会的正式成员,条件是他们在第三代提出请求。另一方面,因为亚扪人和摩押人(Moabites)曾对以色列人不友善,他希望**永远**不与他们结盟或者将他们纳入耶和华的会,以作为对他们早前冒犯的诅咒。然而,在特别情形之下,亚扪人的领袖安佳(Achor)[38] 和摩押妇女路得(Ruth)因为出众的德性而被接受。但是,至于亚玛力人（Amalekites），他们是以色列最大的敌人，上帝不仅不欢迎他们做朋友，而且还下命令将他们永远视为敌人，他们与以色列人之间将永远存在战争。[39]

现在，对那些与其处于敌对关系的人，上帝制定了军事法。[40] 起初，如果人们没有首先尝试和平的话，他不希望发动战争。因此，他还规定，他们要一直有根据上帝意志给他们建议的牧师跟随。那么，一旦战争爆发，他希望人们勇敢作战，保护弱者和无助的人。最后，他宣布，胜利时要留下妇女儿童、动物以及结果子的树木以彰显克制。

当他命令杀死所有村民时，他正在发布《申命记》第 20 章第 16－18 节语境下的特别命令。这一命令依然应当被遵守，因为它将没有国家的人排除在崇拜真正的上帝之外，也排除在救赎所需的条件之外[41]——因为**上帝也是外族人的上帝**（God is also the God of the Gentiles）。

有关以色列人的政治法需要说的便是这些，通过这些法律，上帝部分地表明了他所建立的政体是多么良善、神圣和睿智。

那么，这些法律的目的和应用是什么？

1. 因此，以色列人会有某种形式的国家，通过国家可以控制和惩罚犯罪，保护德性，以色列人可以像一个聚居的民族而不是动物那样生活。

2. 因此，他们会知道上帝重视公共和平、诚实、正义、秩序以及事物之间的恰当关系，鄙视派系之争、无政府状态、暴政、野蛮以及诸如此类的东西。

3. 因此，在一个建设良好的国家，他的教会以及对他的崇拜也会有一席之地。事实上，没有任何其他形式的政体可以如此轻易或者如此好地确立一种宗教。

4. 因此，他们会知道上帝惩罚罪恶和耻辱。

同样不应该忘记的是，这些律法不是赐予外邦人的，而是赐予以色列人的,而且是单独赐给以色列人的。外邦人无须遵守这些法律,就像以色列人不允许依据外邦人的法律生活一样,正如我们在《利未记》第18章第24—29节中所读到的。

显然,这些法律从摩西时代一直持续到犹太人和外邦人为追随基督而重建教会。那时允许外邦人遵守他们自己的法律和犹太法,犹太人遵守他们和外邦人的法律。因此,使徒对希伯来人评价道,随着祭司的改变,律法有必要也改变。[42] 关于审判法就说这么多。

注释:

1. 《出埃及记》22:1-4。
2. 《民数记》15:34。
3. 《申命记》25:1-3。
4. 《利未记》20。
5. 《利未记》20:6。
6. 《利未记》24:13-16。
7. 《民数记》15:32-36。
8. 《出埃及记》21:17。
9. 《出埃及记》21:15,17。亦可参见《利未记》20。
10. 《民数记》31:33-34。(似为《申命记》21:15-17——中译者注)
11. 《利未记》25及《出埃及记》22。
12. 《申命记》23:19-20。
13. 《申命记》15:12-17。
14. 《利未记》19:35-37;《申命记》25:13-16。
15. 《利未记》19:13。
16. 《出埃及记》21:2-11。
17. 《出埃及记》21,22;《利未记》24;《申命记》27。
18. 《利未记》19:13;《申命记》19:14。
19. 《出埃及记》22:25-27;《申命记》24:10-13。
20. 《申命记》19:15-21。
21. 《申命记》19:4-7。
22. 《申命记》7:3-6。
23. 《利未记》18:6-8。
24. 《出埃及记》22;《利未记》19-20;《申命记》22-23。

25.《利未记》19：17－18。

26.《利未记》19：11－12；《申命记》22：13－20。

27.《出埃及记》21。

28.《申命记》21：18－21。

29.《民数记》27：1－11。

30.《民数记》30：3－5。

31.《出埃及记》21：17。

32.《申命记》25：5－10。

33.《申命记》7：3－4。

34.《利未记》18：6－18。

35.《申命记》22：13－21。

36.《申命记》24：5。

37.《申命记》24：1－4。

38.《士师记》14：10。

39.《出埃及记》17：14－16。

40.《申命记》20。

41.《出埃及记》12：19。

42.《希伯来书》8：1－7。

第十一章　论礼仪法

命题 7

礼仪法同样数量庞大，但通常被分为四种：圣礼法、献祭法、圣物法和法令（legal ordinances）。

圣礼和献祭的法律是什么，众所周知。对上帝的外在崇拜所必需的所有细节都被纳入"圣物"之下，包括圣所、场合、器皿和崇拜的器具——学者们所称的第四种"法令"，他们滥用这一术语是因为缺乏特定的用语或律令去命令特别的神圣和世俗之物——有关食物、服饰和该种类之下的其他事物，通过这些事物区分崇拜上帝和不崇拜上帝的人。

这四种类别涵盖了所有的礼仪法，即在圣殿和教堂进行的宗教仪式。让我简要讨论一下每种类别。

圣礼法是将以色列人纳入或写进与上帝立约中的法律。

此外，和现在一样，早期教会中曾有两种确定的圣礼：割礼，后被洗礼取代，以及逾越节，我们称为"圣餐"。在洗礼中，所有立约的人被标识为亚伯拉罕的后裔，那些此前未立约的人被纳入约中，想成为上帝或他立约的子民的外邦人也是如此。它是立约的标志，接受这一圣礼的人希望区别于没有立约的人。而且，割礼（就像基督本人在《约翰福音》第7章第22节中说的）并非由摩西创立，而是由生于摩西之前的犹太祖先创立，正如我们在《创世记》第 17 章读到的那样。但是后来，它为摩西阐述的法律认可并在上帝的子民中确立。

在逾越节期间，人们纪念以色列人在埃及所受的恩典，那时天使经过以色列人的房屋，因为涂的羔羊血而放过他们，纪念加强了人们的信仰，形成了像一个人一样的友谊。这一圣礼预示着基督流血拯救世界，表明选民聚于一体的教会中。

第一类礼仪法就是有关庆祝割礼和逾越节的命令。

第二类是人们供奉上帝的献祭法，《利未记》中大部分与此有关的内容都是根据上帝的命令写的。很多种献祭都是上帝通过摩西制定的，虽然所有的祭品都供奉到同样的地点和火中，即圣火而不是外来的或普通的火。

有一种献祭是燔祭。在这种献祭中，全体祭品都为火所烧。这是《利未记》第 1 章第 13 节中提到的法律。这些献祭包括如下内容：有所谓的"常献的燔祭"（ever-burning sacrifice），要昼夜不停整天地烧，白天烧一只羔羊，晚上再烧一只。[1] 此外，还有圣职授任的献祭，为神职人员（God persons）、祭司、场地、会幕（the tabernacle）、圣殿或者用于崇拜上帝的器皿祝圣。[2]

第二种献祭是供奉食物，称为素祭（Minha）。《利未记》中描述了不同数量的素祭中谷物和水果的比例。第二章专门写这种献祭。这一标题之下的一些献祭是素祭（the grain offerings），[3] 以及供奉初熟之物与什一税。[4]

第三种祭祀包括了为了赎罪的献祭，被称为"赎罪祭"（sin offerings）和"挽回祭"（atonement sacrifices）。

因为所犯的罪不同，为了赎罪也需要不同的献祭。《利未记》第 4—7 章对此有所论及。这类献祭有很多，包括为赎普遍和一般的罪的献祭，其作为为全人类的献祭每年供奉于正式的典礼上。[5] 还有红母牛的献祭，由大祭司每五年供奉一次。[6] 这些献祭还包括藉以净化的献祭，以洁净因为接触不同的事物而造成身体上不同的不洁与玷污。[7]

第四种是赎愆祭（guilt offerings），也被称为挽回祭（sacrifices of restitution）。供奉这些祭牲为的是驱走邪恶，收获善行，这些是上帝的恩典规定过的。[8]这里有两种子范畴：为误犯的罪献祭和还愿祭（votive sacrifices）。[9]这仅仅是献祭法的概览，不过它们都归于两大基本种类：为洁净的献祭和为挽回的献祭，即赎愆祭。

第三类礼仪法是有关圣物的法律，即专门用于神圣敬拜的场地、场合、器皿和器具。

圣所（A holy place）是供奉祭牲的地方。这一仪式可以在两个不同的地方举行。起初，以色列人有会幕，后来他们有圣殿。依据上帝的律法，他们不能在这两个地点之外献祭。[10]任何人在高处献祭都受到《圣经》的责难。

圣时（holy occasions）可以细分为不同的圣时。最重要的是禧年（Year of Jubilee），[11]其次是三大年度节日、逾越节、五旬节（Pentecost）和住棚节（Festival of Booths or Tabernacles）。[12]还有为了纪念上帝创造光的新月节（New Moon Festivals）。[13]然后是第五、第七和第十个月的斋戒时间。[14]最后是摩西和先知们经常提及的安息日。

圣器和崇拜所需的器具包括，首先和最重要的是里面放着十诫石版的约柜（ark）、一罐吗哪（manna）和亚伦（Aaron）的杖。相当数量的黄金覆盖在上面。[15]还有陈设饼和金灯台，[16]香坛[17]和燔祭坛。[18]最后是铜盆，里面盛水以让祭司——主的使者——洗濯。[19]因此，圣物指在圣礼和献祭以外的外在崇拜中用到的所有东西。

最后一类礼仪法规定侍奉上帝的人涤罪和成圣的那些物品，以使他们能够区别于偶像崇拜者。

有禁止以色列人吃某些食物的法律，例如某些被称为**不洁**（unclean）的动物、[20]血和用山羊羔母的奶煮的山羊羔；[21]以及初熟之物和头生的幼崽，他们要将这些供奉给上帝。

还有关于衣着的法律：不可穿两种织物编成的披风，如羊毛和亚麻。妇女不可穿男人的衣服，反之亦然。如前所述，当这些法律多到近乎无限，我还能说什么呢？

　　这是礼仪法的一个概览。它们出于何种目的被赐予以色列人？当然不是因为遵守这些法律的人能够被称义。不是的，他们被赐予法律，最重要的原因在于，全身心遵从这些法律的犹太人可以避免外邦人的崇拜行为；[22] 第二，他们因此可以不为自己构想一个偶像；[23] 第三，在这些事情上他们可以考虑即将降临的基督的心意，正如保罗所写的，整部律法是我们训蒙的师傅，引我们到基督那里。[24] 最后，上帝希望表明，即使在外在崇拜仪式之外，他也会受到崇拜。

　　起初，所有教会都会坚持这样一种观念，即这些律法不再有效。他们认为它们不是赐给外邦人的，而且对那些皈依基督的犹太人而言，这些律法也被以这种方式规避，即不仅那些不愿顺从它的人无罪，而且那些认为它们应该得到顺从的人也被认为犯了严重的错误。

　　因此，阿奎那睿智地写道，"一些审判法的命令消亡了。然而，如果有人将礼仪法重新定为必要之物，那么礼仪法也如死一般了，因为这是对基督的否定"。[25]

注释：

1. 《出埃及记》29：38 - 46；《利未记》6：8 - 13。
2. 《出埃及记》28，29；《利未记》8。
3. 《利未记》6：14 - 18；《民数记》28：26 - 31。
4. 《出埃及记》13，23；《民数记》18；《申命记》18。
5. 《利未记》16。
6. 《民数记》19：1 - 10。（和合本《圣经》的《民数记》第 19 章第 1—10 节并未说明每五年供奉一次——中译者注）
7. 《利未记》12 - 15。
8. 《利未记》3，7。
9. 《利未记》5：14 - 19。

10. 《利未记》17：8－9；《申命记》12。

11. 《利未记》25。

12. 《利未记》23 及《申命记》16。

13. 《民数记》10：10；28：11－15。

14. 《撒迦利亚书》7,8。

15. 《出埃及记》25：11。

16. 《出埃及记》25：31－40。

17. 《利未记》4：7。

18. 《出埃及记》40：10。

19. 《出埃及记》30：17－21。

20. 《利未记》10：8－11。

21. 《出埃及记》23：18－19。

22. 《申命记》14,16,18。

23. 《申命记》12。

24. 《加拉太书》3：24。

25. Aquinas，*Summa Theologiae*，III，103,3,4.

《法学大全》选集

约翰斯·阿尔图修斯(Johannes Althusius)　**著**

杰弗瑞·J. 文斯特拉(Jeffrey J. Veenstra)　**英译**

斯蒂芬·J. 格拉比尔(Stephen J. Grabill)　**撰写导论**

The Dicaeologicae
3 Books

The Whole and Universal Law That We Observe—Including the System

With the parallels between it and Jewish law as well as tables; inserts; and

a three – part index of authors, individual chapters, and terms and words

that is very comprehensive and accurate.

Johannes Althusius

A theoretical and practical work quite useful for those studying other disciplines.

Second Revised Edition

Published in Frankfort by the Heirs of Christophorus Corvinus, 1649

法学大全

三卷本

我们遵守的全体和普遍的法律——包括其体系

附有与它和犹太法类似的法,还有表格、插图和分为三部分的索引,
索引非常详尽和精确,包括作者、各个章节、术语和词语。

约翰斯·阿尔图修斯

一部对于其他学科的研究者非常有用的理论和实践著作

第二次修订版

法兰克福克里斯托弗·科维努斯的继承人出版,1649 年

目 录 C O N T E N T S

导　论

生平小传

约翰斯·阿尔图修斯，其姓氏有不同的写法，如阿尔图斯（Althus）、阿尔图森（Althusen）或者阿尔图豪斯（Althaus），1557 年生于戴敦沙森（Diedenshausen），维特根斯坦-贝勒堡（Witgenstein-Berleburg）伯爵治下的一个村庄。[1] 有关他的父母、其青少年时期或者早期学习过程的确切信息，人们知之甚少。1581 年，他来到科隆（Cologne），据说学习了亚里士多德的作品。在取得博士学位之前的某段时间，阿尔图修斯还在日内瓦（Geneva）学习过法律，老师是丹尼斯·哥德弗罗伊（Denis Godefroy，1549－1622），一位声望卓著的法律学者，曾在 1583 年出版了罗马民法的第一个完整版本。[2] 1586 年，他在巴塞尔（Basel）获得了民法和教会法的博士学位。令人吃惊的是，他在同一年出版了他的第一本书《罗马法》（*Jurisprudentiae Romanae*），这本书以哥德弗罗伊的版本为基础，系统论述了罗马法。在巴塞尔期间，他在约翰斯·格里诺伊斯（Johannes Grynaeus，1540－1617）家住了一段时间，跟随格里诺伊斯学习改革宗神学（Reformed theology），此后终身与之保持通信。

1586 年，他接受了黑博恩改革宗学院（Reformed Academy at Herborn）新设立的法律教职。这个学院仅仅在此两年前由拿骚－迪伦堡的约翰伯爵六世（Count John VI of Nassau-Dillenburg，1535－1606）创办，但很快取得了成功,吸引了多国学生。它的第一任院长是卡斯帕·奥利维亚努(Caspar Olevianus,1536－1587),他和撒加利亚·乌尔西努(Zacharias Ursinus,1534－1583)一起撰写了《海德堡要理问答》(*Heidelberg Catechism*)。[3] 作为黑博恩第一位法律教授,阿尔图修斯起初讲授优士丁尼的《法学阶梯》(*Institutes*),但是他的教学兴趣很快转到了公法学,或者是现在所谓的政治科学。1589 年,他成为位于迪伦堡(Dillenburg)的伯爵秘书署成员,后来成为伯爵的政务委员(1595 年)。[4] 在海德堡(Heidelberg)学习了一段时间的神学之后,[5]1597 年阿尔图修斯成为学院院长。1601 年,他出版了第二本书——名为《民事行为两卷本》(*Civilis conversationis libri duo*)的伦理学著作。在黑博恩执教期间,阿尔图修斯最著名的成就是在 1603 年出版了《政治方法汇纂:由神圣和世俗实例加以阐明》(*Politica methodice digesta* & *exemplis sacris* & *profanis illustrata*,以下简称《政治方法汇纂》),这本著作立即受到广泛关注。

即使阿尔图修斯已经凭借他的第一本和第二本书开始确立学术声誉,然而看起来是《政治方法汇纂》这本书在他获得弗里斯兰的埃姆登市(Emden in Friesland)市政官这一诱人职位的过程中起到了关键作用。阿尔图修斯于 1604 年开始履职,一直领导该市的法律与政治事务,直到 1638 年去世。在漫长的任期中,他与地方当局一起参与了帮助埃姆登成为独立州的战略外交任务,还制定和维护了一部市宪法,并保持着文学爱好。他出版了两版新扩充的《政治方法汇纂》(1610、1614 年),还撰写了《法学大全》(*Dicaeologicae*,1617 年),在这部作品中他将整个现行法律体系化,并使之与罗马和犹太民法相调和。1617 年,阿尔图修斯当选埃姆登教会长老,深受门索·阿尔丁(Menso Alting,1541－1612)治下的改革宗神职人员敬重。卡尼评论说,"(阿尔图修斯的),市政官和长老两种职能以及与之相伴的领导力和艰苦工作的意义在于,他能够协调城市世俗与教会的权限,因此某种程度上在埃姆登产生了与加尔文在日内瓦同样的影响力"。[6]

约翰斯·阿尔图修斯：政治学家、法学家、埃姆登市市政官

在奥托·冯·基尔克(1841 - 1921)于19世纪80年代重新发现阿尔图修斯之前，少有政治学家和法学家，更少有神学家曾实质性地评价过阿尔图修斯对于西方政治学原则或者西方法律传统的贡献。至少到最近，20世纪的学者对于阿尔图修斯的接受亦相当缓慢，一个可能的解释是，在弗雷德里克·卡尼1964年的译本之前，《政治方法汇纂》的主体部分未被以任何其他国家或者地方的语言翻译出版。[7] 近年来这种状况有所改变。2003年，《政治方法汇纂》的未删减德语译本出版，[8] 阿尔图修斯全集的其余部分还没有从拉丁语原文翻译过来，唯一的例外是发表在《市场与道德期刊》(*Journal of Markets and Morality*)上的《法学大全》选集的首个英文译本。[9] 但是他相对少为人知的另一个因素就不那么友善了：阿尔图修斯是包括海宁·阿尼萨尤斯(Henning Arnisaeus，卒于1636年)和雨果·格劳秀斯(Hugo Grotius，1583 - 1645)等17世纪各方批评家发起的批评风暴的焦点。17世纪中期之来，赫尔曼·康宁(Hermann Conring)、那曼·本森(Naamann Bensen)、皮特·加尔茨(Peter Gartz)、约翰·海因里希·博伊茨勒(Johann Heinrich Boecler，1611 - 1672)和乌尔里希·胡贝尔(Ulrich Huber，1636 - 1694)常常批评阿尔图修斯，称《政治方法汇纂》是一本"应该烧掉的书"，"是反暴君主义(Monarcho-machism)最恶毒的果实"，"是人民主权的教条，长老制主义错误的结果"，它的作者是"动乱的煽动者"。[10]

《政治方法汇纂》会引起如此激烈的控诉并不令人吃惊，因为它强烈支持行会、财团和城市中古老多元秩序的地方自治，反对区域专制主义的兴起和那些现代单一制民族国家的早期辩护者，诸如让·博丹(Jean Bodin，1520 - 1596)和托马斯·霍布斯(Thomas Hobbes，1588 - 1679)。而且，在《政治方法汇纂》的后期版本中，阿尔图修斯敦促读者紧随其中呈现的论辩逻辑，因为它们为荷兰反抗西班牙提供了理论证成。这一点

在这本书（第二版和第三版）献给弗里西亚财团（the estates of Frisia）的题记中体现得非常明显，他赞扬财团在抵制西班牙国王中的作用，并无畏地宣称主权权利"在单个省的人民和民众联合体的手中"。[11] 更不必说，《政治方法汇纂》是当时得到最广泛阅读、最为某些人鄙夷的书籍之一。

《政治方法汇纂》之外，阿尔图修斯撰写了一系列的法学论著，其中两本将民法予以体系化。第一本在1586年出版于巴塞尔，名为《罗马法两卷本：罗马法学方法论之成型规则与表证》（*Jurisprudentiae Romanae libri duo ad leges methodi Rameae conformati et tabellis illustrati*，以下简称《罗马法》）。这本书作为法学教科书得到广泛使用，出过好几版。后来经过彻底修订，出版为《法学大全三卷本：我们遵守的全体和普遍的法，包括其体系，附有与犹太法类似的法，表格、插图以及分为三部分的索引》（*Dicaeologicae libri tres, totum et universum jus, quo utimur, methodice complectentes, cum parallelis hujus et Judaici juris, tabulisque insertis atque Indice triplici*；分别有黑博恩1617年版，法兰克福1618年和1649年版）。《法学大全》是一本巨著（792面拉丁对开页），其通过整合法学、犹太法、罗马法、欧洲习惯法的众多支流，试图构建起一个单独的、综合性的法律体系。在《法学大全》的序言中，阿尔图修斯指出，《罗马法》已经"在不同时间不同地方以违背我思想和预期的形式被赞扬和批评"。事实上，"博学而杰出的人士已经多次建议我召回那本论著，以便我可以更加充分地处理和阐释我的思想，而不是简明扼要和模糊地表达。我勤勉地采纳了这些建议，将不履行国家职责和义务的闲暇时间都用在这件重要的事情和目标上。这些先前的努力孕育了一部几乎全新的作品，事实上在很多方面都不同于之前那一部"。

《法学大全》是阿尔图修斯最主要的法学作品，也是约翰·阿佩尔（Johann Apel，1486－1536）和康拉德·拉古斯（Konard Lagus，约1499－1546）在维滕堡（Wittenberg）开创的法学体系化"方法"的证明。

这种新的法律科学发端于阿佩尔、拉古斯、尼古拉斯·维吉留斯(Nicolas Vigelius，1529－1600)和其他 16 世纪早中期德国新教法学家的作品中，受到改革宗人士菲利普·梅兰希顿(Philip Melanchthon，1497－1560)论题(topical)方法的强烈影响，并在此后两个世纪中为包括罗马天主教和新教法学家在内的欧陆法学家所发展。在哈罗德·伯尔曼看来，约翰斯·阿尔图修斯和尼古拉斯·维吉留斯能"跻身 16 世纪后半段最为杰出的德国法学'方法论者'之列"。[12] 这种新的法律科学与早期法律科学的区别在于，"运用论题方法将法律作为一个整体去分析和综合，并去分析和综合盛行于欧洲的各种法律制度——罗马法、教会法、王室法、封建法、商人法"。[13] 伯尔曼和里德(Reid)认为，最重要的是，这种法律科学"构成了 16—18 世纪新的欧陆普通法(*jus commune*)的基础。阐释它的法律学者形成了一个全欧洲的法学家阶级，一个法学家阶层(*Juristenstand*)，他们不仅为各自国家的人民写作，而且有时候主要是为了彼此写作"。[14]

最后，为了我们对阿尔图修斯全部作品概要观察的完整性，我们要指出，他还写了一系列实践伦理学的著作，由他的侄子菲利普·阿尔图修斯(Philipp Althusius)于 1601 年在哈瑙(Hanau)以《约翰斯·阿尔图修斯的民事行为两卷本：以随机的神圣和世俗例证揭示的方法论汇纂》(*Joh. Althusii V. Cl. Civilis conversationis libri duo，methodice digesti et exemplis sacris et profanis passim illustrati*)为题出版发行(1611 年出版第二版)。[15]

阿尔图修斯研究的现代的、跨学科的复兴

如上所述，对阿尔图修斯兴趣的现代复苏始于 19 世纪德国法学家和历史学家奥托·冯·基尔克。[16] 基尔克结束了两个世纪以来对阿尔图修斯相对模糊的认识，赋予《法学大全》以西方政治思想关键著作之一的显著地位。他将阿尔图修斯看作一位影响深远的思想家，受过法律、神

学、政治学和历史学的出色教育,因此能发展出一套堪称中世纪社会思潮顶点和现代政治理念先驱的政治理论。[17] 基尔克指出,这一理论的主要特征是它的联邦主义结构,他认为该结构肇端于契约和自然法原则的混合。用基尔克的话说,阿尔图修斯的主要贡献是,"为逻辑统一体注入了联邦观念,这一观念酝酿于他所生活的教会与政治圈子,构建了一个所有观念都各归其所的大胆的思想体系"。[18] 然而,基尔克认为他能够识别出阿尔图修斯体系中的自然神论以及理性主义因素,这源于基尔克试图将宗教信仰与政治理论隔绝开来的思想倾向。[19]

卡尔·乔基姆·弗雷德里希(Carl Joachim Friedrich)[20] 的工作进一步复兴了对于阿尔图修斯的兴趣,正如卡尼所言,"1932 年,弗雷德里希不仅以原文重新出版了《政治方法汇纂》1614 年版本中最大的部分,而且为其撰写了导言,大大增进了我们对于阿尔图修斯生平及其思想的了解"。[21] 与基尔克不同,弗雷德里希聚焦于共生联合(symbiotic association)的概念,认为其是阿尔图修斯政治理论的基础,并认为阿尔图修斯的宗教信仰是理解和阐释共生概念的关键。然而,与基尔克类似的是,弗雷德里希认为,阿尔图修斯看起来正在倒向自然神论,虽然在他看来这种改变是因为阿尔图修斯在其新政治科学中所表达的"宿命论教义严格的决定论立场"。[22] 弗雷德里希有意识地以马克思·韦伯(Max Weber)的解释视角解读阿尔图修斯,并因此得出结论:阿尔图修斯声称的生物自然主义(共生)以及决定论立场根植于其加尔文教派的上帝概念,[23] 强调群居人们之间的情感纽带促使他形成了一种社团国家(corporate state)理论(与 1930 年代意大利与俄国的集体主义国家接近),[24] 而且,在他世俗化的加尔文主义中,功利主义已经成熟。[25] 尽管弗雷德里希与基尔克对于阿尔图修斯的评价存在明显的差异,但他们都高度评价阿尔图修斯的重要性,事实上,弗雷德里希甚至认为他是"博丹和霍布斯之间最深刻的政治思想家"。[26]

除了基尔克和弗雷德里希,这两位对于在 300 年间断之后重建阿尔图修斯声誉贡献最大的学者之外，还有大批 20 世纪的学者从不同的学科背景出发对阿尔图修斯的思想给予了相当的关注。可以想象，在评价阿尔图修斯对于西方政治学传统发展重要性的学者中，政治理论家和历史学家是先锋。老一代的政治历史学家，如 A. J. 卡莱尔（A. J. Carlyle）[27] 和 R. W. 卡莱尔（R. W. Carlyle）[28]、威廉·阿奇博尔德·邓宁（William Archibald Dunning）[29] 和约翰·内维尔·菲吉斯（John Neville Figgis）[30]，一方面都感谢基尔克复兴了对于阿尔图修斯的兴趣，另一方面也大都遵循基尔克的进路，将阿尔图修斯视为主张以社会契约作为有序和有权威的政治社会基础的早期学者。[31] 尤其是 A. P. 登特列夫（A. P. d'Entrèves）[32]，同意弗雷德里希韦伯式的理解——阿尔图修斯的政治理论试图阐发一种自然秩序的决定主义宿命论——在此基础上，得出结论说，加尔文主义的唯名论无情地导向了霍布斯的唯意志论。[33]

在 20 世纪中期之前，学者们已经怀疑基尔克和弗雷德里希有关阿尔图修斯宗教信仰与其政治理论关系的评价，并且试图在阿尔图修斯的学术思想中阐发出更为宽泛的主题。例如，皮埃尔·梅斯纳德（Pierre Mesnard）[34] 和弗雷德里克·卡尼（Frederick Carney）[35]，深入分析了阿尔图修斯的宪政主义，关注其政治理论中与市民社会相关的制度基础。斯坦利·帕里（Stanley Parry）阐释了阿尔图修斯理论中政治规范与过程之间的关系问题。他认为，阿尔图修斯对于共生的关注事实上是在寻找一种方法，使得人民参与到统治者认为是自然法要求的决策中来。[36]

在 20 世纪 50 年代和 60 年代，厄内斯特·雷伯斯泰恩（Ernst Reibstein）、[37] 皮特·乔辰·温特斯（Peter Joachen Winters）、[38] 艾瑞克·沃尔夫（Erik Wolf）[39] 和艾克哈德·弗厄赫迪特（Eckhard Feuerherdt）[40] 的学术关注点在于阿尔图修斯思想中自然法传统的渊源、应用和作用。尤其是雷伯斯泰恩和温特斯，他们并不认可阿尔图修斯在自然法传统内的工作，也不认可他将自然法传统与摩西十诫的道德律令关联的方式。雷伯斯泰恩认为，阿尔图修斯最初通过迭戈·科瓦鲁维亚斯（Diego

Covarruvias)以及费尔南多·瓦斯奎兹(Fernando Vásquez)有关罗马法学的作品了解了西班牙萨拉曼卡(Salamanca)学派的自然法传统。他指出,阿尔图修斯早年与黑博恩神学院同事的冲突已经证明,通过将摩西十诫的命令限缩为自然法的律令,他倾向一种"《圣经》的自然法解释"。[41]因此,当阿尔图修斯在《政治方法汇纂》中诉诸世俗例证阐释他的理论时,雷伯斯泰恩认为阿尔图修斯有意采用了西班牙学派的人文主义自然法方法论,只对其进行了细小的修正。

温特斯回应了雷伯斯泰恩,提出了一种巴特式的(Barthian-style)、截然相反的观点。在他看来,阿尔图修斯"依据圣经或者基督论解释自然法",[42]因为对于阿尔图修斯而言,除非通过作为道德法化身的基督,否则没有办法谈摩西十诫或者自然法(lex naturalis)。因此,由于这个原因,温特斯主张阿尔图修斯没有诉诸抽象的本体论去构想他的自然法,而是诉诸上帝的主权意志和只为《圣经》所启示的他的正义观。遗憾的是,雷伯斯泰恩和温特斯都没诉诸改革宗传统(不同于加尔文)的渊源以帮助其探寻阿尔图修斯自然法原则的发展。不过近来,几位与约翰斯·阿尔图修斯协会(Johannes Althusius Gesellschaft)有关联的德国学者,力图在有关影响阿尔图修斯思想的神学文本、传统和制度方面填补我们知识的历史空白在 20 世纪 70 年代早期,学者们开始协力探寻阿尔图修斯思想的神学(圣约)和政治学(联邦主义)维度。在 P. S. 格布兰迪(P. S. Gerbrandy)[44]工作的基础上,新加尔文主义者詹姆斯·斯基伦(James Skillen)[45]试图"发现阿尔图修斯在荷兰加尔文主义政治思想发展中的地位",在此过程中,斯基伦质疑了基尔克和弗雷德里希对于阿尔图修斯宗教信仰的理解,并辨析了共生共同体(symbiotic communities)的概念对于后来荷兰加尔文主义政治思想家的重要性。斯基伦评论说,格勒内·范·普林斯特勒(Groen van Prinsterer)和亚拉伯罕·凯珀(Abraham Kuyper)都没有表明"对阿尔图修斯的作品有任何直接的了解,而来自于他们那个圈子的、20 世纪最重要的政治思想家赫曼·杜伊维尔（Herman Dooyeweerd）所认为的，阿尔图修斯思想的核心真理在于其自身的圣约政治视角中"。[46] 杜伊维尔称赞阿尔图修斯是第一个"在他的人类共生理论中思考内在结构原则"的人，但是认为这种洞见促使阿尔图修斯"反对整个中世纪–亚里士多德的传统"。[47] 遗憾的是，斯基伦接受了杜伊维尔的判断，即阿尔图修斯沿着非亚里士多德、非经院哲学的路径发展了他的共生原则以及对于普通法（例如，自然法）和正当法（proper law，例如，实证法或者习惯法）的理解。

斯基伦注重反驳弗雷德里希的主张，即阿尔图修斯作为一个亚里士多德主义者，仅仅是运用共生概念发展希腊–罗马的（Graeco-Roman）国家绝对主义传统。[48] 但是斯基伦并不认为阿尔图修斯明显受到了亚里士多德的影响，也不认为阿尔图修斯的思维方式与亚里士多德一致或者不一致，而是将杜伊维尔反教会的、反经院哲学的思想视为与弗雷德里希的立场相反的选择。"如果弗雷德里希是对的，那么阿尔图修斯思想中各种人类联合体的概念就没有内在本质的或者独立的差异，如果杜伊维尔是对的，那么我们会在阿尔图修斯的思想中根据国家特定的性质发现它的确定界限——这一界限至少部分地是由其他人类联合体的特定性质（和法律）所决定的，即不允许国家'毁灭'整个共同体。"[49] 因此，斯基伦感到必须同意杜伊维尔的观点，即阿尔图修斯还没有充分地将自己与"旧的罗马天主教文化及其学术思想"区分开来，从而未能发现"上帝为天地万物（包括人类社会生活）设定的秩序并非教会曾试图强加的秩序"。[50] 由于接受了杜伊维尔的分析，斯基伦没有充分理解阿尔图修斯利用新教学者作品的程度，比如菲利普·梅兰希顿（Philip Melanchthon）、海因里希·布林格（Heinrich Bullinger，1504 - 1575）、约翰·加尔文（John Calvin，1509 - 1564）、皮特·迈耶·维密格理（Peter Martyr Vermigli，1499 - 1562）、吉尔默·赞奇（Jerome Zanchi，1516 - 1590）、弗朗西斯·朱尼厄斯（Franciscus Junius，1545 - 1602）以及萨缪尔·卢瑟福（Samuel Rutherford，大约 1600 - 1661）[51] 的作品，另一方面，斯基伦也没有充分理解阿尔图修斯在普遍权利（*jus commune*）、自然权利（*jus naturale*）、道德律（*lex moralis*）、自然法（*lex naturalis*）、普通法（*lex communis*）、自己之法（*lex propria*）以及神法（*lex divina*）等概念之间建立的精确关联。[52]

当代神学家和政治理论家，如韦恩·贝克（J. Wayne Baker）、阿兰·德贝诺亚（Alain de Benoist）、丹尼尔·埃拉扎（Daniel Elazar）、肯·恩都（Ken Endo）、托马斯·胡格林（Thomas Hueglin）、法布里奇奥·洛曼阿克（Fabrizio Loman-aco）、查尔斯·麦考伊（Charles McCoy）和帕特里克·莱利（Patrick Riley），每个人都有兴趣复兴联邦主义的政治架构，对阿尔图修斯给予了广泛的学术关注，将其视为 16 世纪晚期和 17 世纪早期欧陆邦联政治约定的编纂者和理论家。尽管这些学者每个人都会对埃拉扎的下列表述加以重要的限定，但是他们都同意"改革宗新教教义（Reformed Protestantism）表述的联邦主义神学……激发了圣约观念新的政治学应用，这一应用首先由政治神学家予以表述，然后由诸如阿尔图修斯的政治哲学家表述，并在此后一个世纪中被霍布斯、洛克（Locke）和斯宾诺莎（Spinoza）世俗化"。[53] 前述每一位学者从互异但是互补的视角论述了阿尔图修斯对于联邦主义发展的贡献。[54]

例如，韦恩·贝克、[55] 法布里奇奥·洛曼阿克、[56] 查尔斯·麦考伊[57] 关注后宗教改革时代的英国、德国、荷兰、瑞士和法国的改革宗圣约神学与政府的联邦理论之间的关系。他们意在表明，阿尔图修斯的联邦主义政治哲学源自那个时代的政治和神学氛围。在贝克和麦考伊看来，联邦主义的政治模式"被广泛实践，尤其是在受到来自苏黎世（Zurich）和布林格（Bullinger）改革宗传统影响的地区。因此，阿尔图修斯能引用很多实行联邦制政体的实例以及过去和当时有关政府的学术论著"[58]。不仅如此，麦考伊坚持认为，圣约是阿尔图修斯理解人类社会的根本性隐喻。事实上，他认为圣约（*pactum*）的概念将阿尔图修斯引用的希腊、罗马、圣经以及 16 世纪政体等众多分支联系在一起。[59]

在其有生之年，犹太学者丹尼尔·埃拉扎一直引领着20世纪以跨学科和基督宗教合一的立场评价阿尔图修斯对于联邦主义发展贡献的潮流。在30多年的出版发表生涯中，埃拉扎主张，通往现代民主制的险途始于新教改革宗对于政治学圣经——圣约传统的复兴。[60] 在为卡尼翻译的《政治方法汇纂》撰写的导论性论文中，埃拉扎主张，改革宗新教主义的支持者提出一种神学和政治学，导引西方世界走上了强调自由和平等的民主自治政府的道路："只是在宗教改革的第一个世纪之末，才有一位改革宗传统出身的政治哲学家根据改革宗的经验建立了一套体系化的政治哲学，他的方法是综合神圣罗马帝国的政治经验与改革宗新教主义圣约神学的政治观念。"[61] 埃拉扎主要关注联邦主义的宗教（religious）基础，聚焦于它在《旧约》（The Old Testament）圣约结构中的渊源。诚然，可以说，埃拉扎的遗产包括表明犹太教的圣约基础如何在改革宗新教主义中得到重申，并且后来在美国政体的联邦主义原则中得以表达。[62]

通过聚焦阿尔图修斯联邦主义的宪法维度，当代政治理论家和法律学者，如迈克尔·贝嫩（Michael Behnen）、[63] 阿兰·德贝诺亚、[64] 肯·恩都、[65] 托马斯·胡格林、[66] 帕特里克·莱利[67] 和尼古拉斯·阿罗尼（Nicholas Aroney），[68] 一方面将阿尔图修斯的政治理论细致入微地评价为中世纪社团主义（corporatism）和现代宪政主义的一种形式，另一方面认为，他的附属原则（doctrine of subsidiarity）可以被视为或多或少与现代联邦（领土的）和邦联（非领土的）政体一致。尤其是，胡格林一直是阿尔图修斯代表的政治思想中邦联传统的有力支持者。他写道：

> 政治思想的经典教义一直主张国家权力是社会组织的自变量的观念。考虑到现代政体中政治、经济和社会因素中的权力多元化，继续恪守这一教义无异于"学错了人"（studying the wrong authors）。阿尔图修斯不仅启示我们，政治思想中还有另一种更强调政治生活中横向维度而不是纵向维度的传统。而且他对于政治学的概念化

还启示我们,主权领土国家仅仅是政治文明史中的一段插曲。[69]

欧洲委员会主席雅克·德洛尔(Jacques Delors)的研究团队在欧盟《马斯特里赫特条约》漫长艰苦的构思期间,认为附属原则作为多元治理制度中权力分配的指导性原则,其现代起源是 1571 年埃姆登宗教会议通过的、规制教会以下行政区(parishes)与一般教会(synods)之间关系的决议。研究者们认为,这一政治原则的创始归因于加尔文主义的"联邦主义神学、埃姆登和阿尔图修斯",[70] 它比教皇庇护十一世(Pope Pius XI)在 1931 年《四十年通谕》(encyclical *Quadragesimo Anno*,第 79—80 条)中对于附属原则的著名描述早将近三个半世纪。

《法学大全》:意义和概述

正如阿尔图修斯在《法学大全》序言中提到的,他对《罗马法》提出的法律综合体并不满意。因此,在其后的数年间,他试图完善他的体系,使其最大限度地融贯与无所不包。基尔克指出,直到 1591 年,"阿尔图修斯才给科尔维努斯——他在黑博恩的出版商,后者想出一个新的版本——一份关于他修订的体系的简要提纲,这份提纲附在了 1592 年版以及后来在黑博恩出版的其他版本之中,题目是"罗马法大全……简要节本"(*Epitome et brevis ... Dicaeologicae Romanae*)。[71] 直到《法学大全三卷本:我们遵守的全体和普遍的法,包括其体系》(*Dicaeologicae libri tres, totum et universum jus, quo utimur, methodice complectentes*)1617 年在黑博恩出版,这一计划才扩展成为对整个法律体系的充分描述。

然而,在基尔克看来,《法学大全》的材料被过分体系化了。"从首要原则到最末的细节,它被过分严格甚至可以说是狂热地推演,"他以轻蔑的口吻叙述着阿尔图修斯对于拉米斯主义逻辑的运用,"概念的连续分解全都借力于辩证法实现。要求的二分法常常只能借助于某种武断的对立来确立,诸如'一般'和'特殊'."[72] 尽管基尔克总体上对拉米斯主义的逻辑和经院主义方法持批判态度,然而伯尔曼对于 16 世纪和 17 世纪早期新法律科学的哲学、神学和语言学渊源有着更为笃定和细致的理解。伯尔曼写道,17、18 世纪被多次再版的《罗马法》和《法学大全》"处于拉古斯和维吉留斯的传统中;和他们一样,阿尔图修斯将所有法律分为公法和私法,将私法再分为所有权和债,将债再分为契约、侵权和不当得利,并且试图从一般概念和一般原则中推论出可适用于个别事务的详细规则".[73] 出现于 16 世纪阿佩尔、拉古斯、维吉留斯和阿尔图修斯作品中的法律体系化"直到今天依然是西方法律科学的基本'主题'".[74]

在结束之前,我将根据基尔克很有用的纲要[75] 简单概述《法学大全》的内容,并宽泛描述一下已经翻译出来的资料的重要性。阿尔图修斯将法律科学分为总论和专论两个部分,将其标识为法理学的要素(membra)和形式(species)。阿尔图修斯区分了作为所有法律关系的要素的互利行为(negotium symbioticum)和权利(jus)或法律,前者指确立权利的人类活动。阿尔图修斯将总论(第一卷,第 1—34 章)分为两个部分。

第一部分论述了互利行为与民事行为(factum civile),或者该领域的事务。它的要素是物和人。对于人,只考虑其资质、条件和活动所涉及的法律差异。阿尔图修斯遵循拉米斯主义方法,不会分析政治科学、伦理学、神学或历史学等其他学科涉及到的人的方面(第 1 章,第 9—10条)。接下来,他分析了物、物的现实和理想两部分的区分、将物分为个体物与混合物的区分,并进一步地细分(第 1 章,第 11—44 条)。然后,他将人视为拥有共同法律的人(homo juris communionem habens),包括两种,第一种是个人以继承和通过努力获得的地位的影响(第 5—6 章),第二种是人的自然和自愿的联合体(第 7—8 章)。在此之后,是有关人据以构建社会关系要素的行为的理论(第 9—12 章)。最后,是对各种民事行为的考察(第 12 章,第 12—17 条)。

第二部分论述了法律（jus），分为客观法（constitutio juris 或者 objective law）和主观法（species juris 或者 subjective law）理论。法律由从行为的基本性质出发的理性推理确立。自然法（或者如阿尔图修斯所称的普通法），是一般意义上的法律的重要渊源，由普遍的权利理性（recta ratio communis）遵照人类社会的一般要求确立（第 13 章）。实在法（或者如阿尔图修斯所称的个别法、首要法）是由特殊的权利理性（recta ratio specialis）根据当地的生活模式或者习俗的特殊要求推导出来（第 14 章）。但是，后者要被认为是法律，则必须符合自然法的首要原则，然而，要同时保持实在法的地位，则必须在适应新的具体环境的能力方面区别于自然法。在第 13、14 章各自译文的评注中，阿尔图修斯首先深入论述了法律是什么以及法律对于民事法律的核心规范意义（第 13 章），然后讨论了各种成文与不成文的实在法（第 14 章）。

然后，他阐述了所有权（dominium）和债（obligatio），正如基尔克所言，这两种权利一般被区分为"物权"和"对人权"。在所有权之下，他论述了不同种类的所有权（ownship），并且将他的讨论延伸至物的占有（第 18—21 章）。但是，所谓他人财产上的物权能够采取多种役权的形式，对此他做了详细分析（第 22—24 章）。它们也可以依据权力关系来理解，对此他进行了深度解析（第 25—33 章）。重要的是要明确，阿尔图修斯将这些问题归入所有权下，是因为它们分享了所有权的性质。在权力（potestas）的总标题下，他论述了各种形式的自由，诸如有关名誉、尊严、贞操和身体完整的主观权利（第 25—26 章）。在异域人权力（alien power）的题目下，他分析了私权力（第 27—31 章）和公权力（第 32—33 章）。这部评注译本的最后两章是第 32 章和 33 章，分别关注的是世俗（civil）和教会领域公权力的一般性质（第 32 章），以及特别重要的对于公权力和世俗权威的限制（第 33 章）。在这一部分的结尾，他概括论述了第二种主观权利：债（第 34 章）。阿尔图修斯对所有法律关系概论部分的讨论到此结束。

专论部分或《法学大全》的专论（*Species Dicaeologicae*）分为《分配论》（*Dicaeodotica*）与《裁判论》（*Dicaeocritica*）。《分配论》探讨了权利在人们之间的分配，分为取得的分配（*Dicaeodotica acquirens*）和债的分配（*amittens*）。第一卷的其余部分论述了权利如何取得的问题。在陈述了支配权利取得的一般原则之后（第 35 章），阿尔图修斯讨论了所有权的取得，在这里他还论述了继承权（第 36—63 章）。接下来，他探讨了契约之债或者侵权之债的各种关系。随后，他继续详尽探讨了契约的订立和履行及其几种分类（第 64—97 章）。第一卷结尾处对于侵权的讨论扩展成为一个完整的刑法体系（第 98—146 章）。

《法学大全》的第二卷关注的是权利的丧失。它首先从总体上论述权利的消灭（第二卷，第 1—11 章），然后探讨的是所有权和占有丧失的特殊模式（第 12—13 章）。接下来讨论了债务终止的模式，尤其是其表现形式（第 14—22 章）。最后，简单地论述了侵权之债的履行（第 23 章）。

《裁判论》关注的是争议权利及其审理与判决问题。这是第三卷的主题，阿尔图修斯在其中系统论述了整个程序法，包括诉讼法。

总体而言，我们需要感谢基尔克复兴了对阿尔图修斯的兴趣，我个人尤其受益于他对于《法学大全》的概括，所以最后应该给基尔克一个机会阐明这位埃姆登市市政官的整个法律体系的意义：

> 民法制度继受公法原则本身并非阿尔图修斯独有的观点。因为自注释法学派以来，所有有关《国法大全》（*Corpus Iuris Civilis*）的注释文献都在民法领域内引入了公法问题的研究，这种做法被"方法论者"（methodists）保留下来。在这些人中，几乎没有人试图将公法从私法中区隔出来作为一个单独的领域；相反，公法常常被视为来自于私法领域，特别是来自于人法（law of Persons）。但是因为这些"公法学家"的混合物衍生自原始文本的外部条件，它们愈加

成为一个偶然和临时的附带物。另一方面,曾在《罗马法》中与前辈做法类似的阿尔图修斯,开始在《法学大全》中全心全意地将整个公法囊括进民法体系中。在此过程中,因为他确实主张和维护了其在《政治方法汇纂》(*Politics*)中阐发过的所有理论要点,所以他毫不费力地将公法关系纳入私法的题目之下。结果是一个统一的法律结构,这一结构彻底以私法的方式确立,却涵盖了公法的基础,此前或者之后都几乎不可能构建与此类似的结构。[76]

斯蒂芬·J.格拉比尔(Stephen J. Grabill)

注释:

1. 为了简洁,阿尔图修斯的生平概览我主要参考了 Otto von Gierke's *The Development of Political Theory* , trans. Bernard Freyd(New York:Howard Fertig,1966),19 – 21 以及 Frederick S. Carney,"Translator's Introduction," in *Politica:An Abridged Translation of Politics Methodically Set Forth and Illustrated with Sacred and Profane Examples* , ed. and trans. Frederick S. Carney(Indianapolis, Ind. : Liberty Fund, 1995),xi – xii。对其生平更长且更为详尽的介绍可以参见 Carl Joachim Friedrich's introduction to the *Politica Methodice Digesta of Johannes Althusius* (*Althaus*)(Cambridge, Mass. : Harvard University Press, 1932;New York: Arno Press,1979),xxiii – xli;Thomas O. Hueglin, *Early Modern Concepts for a Late Modern World:Althusius on Community and Federalism* (Waterloo, Ont. : Wilfrid Laurier University Press,1999),29 – 41;以及 Corrado Malandrino,"Il *Syndikat* di Johannes Althusius a Emden:La ricerca," *Pensiero Politico* 28,no. 3(1995):359 – 383。这篇文章旨在纠正 Heinz Werner Antholz, *Die politische Wirksamkeit des Johannes Althusius in Emden* (Aurich:Abhandlungen und Vorträge zur Geschichte Ostfrieslands,1955)中的某些不足,这是有关这一主题唯一一本主要文献。
2. Carney,"Translator's Introductions," xi.
3. Ibid.
4. 国际著名法律史学家哈罗德·伯尔曼(Harold Berman)对法学家的政治作用在 16 世纪发生的剧烈变化提出了颇具吸引力的观点。"与新型法律科学和新教公国中新型政治秩序之间的明显关联相伴随的,是一种更为微妙的关联:法律学者的政治作用提高了。在宗教改革之前的欧洲,法律学者作为教皇、皇帝以及国王的顾问也起到了重要的作用。他们有时候也应法官的要求裁决案件。但是,之前从未有过像 16 世纪德国新教公国那样,如此系统化和大规模地将法律学者招募为政务委员和法官的情况。当然,这可以部分归因于纯粹的政治因素;但部分也是因为新型法律科学的性质,其智识复杂性和精致性要求专业技能进行表达和阐释。"参见 Harold J. Berman, *Law and Revolution*, II: *The Impact of the Protestant Reformations on the Western Legal Tradition* (Cambridge, Mass.: Harvard University Press, 2003),128。(中译本参见哈罗德·伯尔曼《法律与革命(第二卷):新教改革对西方法律传统的影响》,苗文龙、袁瑜琤译,法律出版社 2008 年,第 137 页。——中译者注)

5. 阿尔图修斯在海德堡阅读以及与改革宗教员交流的时间对其智识发展有重要影响。卡尼认为,"约翰·加尔文(John Calvin)、吉尔默·赞奇(Jerome Zanchius)、本尼迪克特·阿雷蒂乌斯(Benedict Aretius)和扎卡利·乌尔西努(Zachary Ursinus)的教会作品,是阿尔图修斯阐释省和联邦(commonwealth)中教会秩序的主要知识渊源。赞奇在其《救赎论》(*De redemptione*)中对法律的广泛讨论,对于阿尔图修斯理解十诫(Decalogue)与自然法的关系,以及二者与各种国家(nations)的适当法律之间的关系最为重要。然后,在特定论题上,阿尔图修斯的神学同事对他颇有助益,比如皮特·马特(Peter Martyr)有关战争的讨论"。(Carney,"Translator's Introductions," in *Politica*, xxvii)。赞奇从 16 世纪 60 年代后期到 16 世纪 70 年代中期在海德堡任教,在此期间出版了有关法律的巨著(《救赎论》)。更多关于赞奇对于阿尔图修斯的影响,参见 Stephen J. Grabill, "Introduction to D. Hieronymous Zanchi's On the Law in General," *Journal of Markets and Morality* 6, no. 1 (Spring 2003): 309 – 316;和 Grabill, *Rediscovering the Natural Law in Reformed Theological Ethics* (Grand Rapids, Mich.: Eerdmans, 2006),132 – 142。

6. Carney, "Translator's Introductions," in *Politica*, xii.

7. Johannes Althusius, *Politics*, trans. Frederick S. Carney (Boston: Beacon Press, 1964)。自由基金重印了早期的译本,并增加了卡尼撰写的长篇导言,丹尼尔·伊拉扎(Daniel Elazar)撰写的前言,译本中阿尔图修斯引用文献来源的章节,自由基金版本的注释,该译本与 1614 年版本的对照以及阿尔图修斯著作的列表。

8. Johannes Althusius, *Politik*, ed. Dieter Wyduckel, trans. Heinrich Janssen (Berlin: Duncker and Humblot, 2003)。

9. 这部选集译自《法学大全》第二版，修订版，1649 年由克里斯托弗·科维努斯的继承人（Heirs of Christophorus Corvinus）在法兰克福出版。这一版的《法学大全》由 Scientia Verlag（Aalen）于 1967 年重印。

10. Gierke，*The Development of Political Theory*，16‑18.

11. Johannes Althusius，"Preface to the 1614 edition," in *Politica*，ed. and trans. Frederick S. Carney (Indianapolis, Ind.：Liberty Fund，1995)，14.

12. Berman，*Law and Revolution*，II，124.

13. Harold J. Berman and Charles J. Reid Jr.，"Roman Law in Europe and the *Jus Commune*：A Historical Overview with Emphasis on the New Legal Science of the Sixteenth Century," *Syracuse Journal of International Law and Commerce* 20 (Spring 1994)：26.

14. Berman and Reid，"Roman Law in Europe and the *Jus Commune*，"26.

15. Gierke，*The Development of Political Theory*，21‑22.

16. 奥托·弗雷德里希·冯·基尔克在其漫长杰出的职业生涯中曾在柏林大学、布雷斯劳大学和海德堡大学教授法律。他的主要作品有 *Das deutsche Genossenschaftsrecht*，4 vols. (Berlin：Weidmann，1868‑1913)，*Natural Law and the Theory of Society*，*1500‑1800*，trans. Ernest Barker (Cambridge：Cambridge University Press，1950)，节选翻译了第四卷中的五个部分；*Johannes Althusius und die Entwicklung der naturrechtlichen Staatstheorien*：*zugleich ein Beitrag zur Geschichte der Rechtssystematik*，5th ed. (Aalen：Scientia，1958)，英译本为 *The Development of Political Theory*，但是英译本最初是以上述系列第三卷的形式面世；以及 *Deutsches privatrecht*，3 vols. (Leipzig：Duncker and Humblot，1895‑1917)。

17. Carney，"Translator's Introduction," in *Politica*，ix.

18. Gierke，*Natural Law and the Theory of Society*，70.

19. 在基尔克看来，"阿尔图修斯……用一种理性的方式从一个纯粹世俗的社会概念推演出他的体系；对他而言，圣经的文本仅仅是例证，而且宗教事务和世俗历史揭示了最初被视为理性推断得出的结果"。Gierke，*The Development of Political Theory*，70，cf. 75。不幸的是，布莱恩·蒂尔尼(Brian Tierney)继续沿着基尔克的脉络解读阿尔图修斯，参见 Tierney，*Religion*，*Law*，*and the Growth of Constitutional Thought*，*1150‑1650* (Cambridge：Cambridge University Press，1982)，71‑79。

20. 弗雷德里希担任哈佛政府学院教授多年，在此期间，他对约翰斯·阿尔图修斯的作品倾注了相当多的学术关注。他的主要作品是 Friedrich，"Althusius，Johannes," in *Encyclopaedia of the Social Sciences*，vol. 2 (New York：The Macmillan Company，1937)，13‑14；Friedrich，

"Introduction," in *Politica Methodice Digesta of Johannes Althusius*, xv-cxviii; Friedrich, *Johannes Althusius und sein Werk im Rahmen der Entwicklung der Theorie von der Politik* (Berlin: Duncker and Humblot, 1975); 和 Friedrich, "Preface," in *The Politics of Johannes Althusius*, trans. Frederick S. Carney (London: Eyre and Spottiswoode, 1965), vii-xii。

21. Carney, "Translator's Introduction," in *Politica*, ix.

22. 因此，弗雷德里希写道，"为了充分理解阿尔图修斯在思想史上的地位，我认为人们必须意识到，他和霍布斯一样，正在试图揭示宿命论教义在自然秩序中所蕴含的、一种严格决定主义的政治科学的含义。那个奇怪和再三重复的句子'*Quod Deus est in mundo, lex est in societate*'表明，他是多么接近于排除一种个人化的上帝。上帝在这里已经是一种非个人化的、规范性的力量"。Friedrich, "Introduction," lxviii。

23. Friedrich, "Introduction," lxviii.

24. Ibid., lxxxviii, lxxxiv-xciv.

25. Ibid., lxxviii-lxxix.

26. Ibid., xv.

27. A. J. Carlyle, *Political Liberty: A History of the Conception in the Middle Ages and Modern Times* (Oxford: Oxford University Press, 1941; London: Frank Cass and Company, Ltd., 1963), 5157.

28. A. J. and R. W. Carlyle, *A History of Mediaeval Political Theory in the West*, 6 vols. (Edinburgh and London: William Blackwood and Sons, Ltd., 1936), 6: 357 – 363, 371 – 372, 394 – 395, 405 – 413, 498 – 501.

29. William Archibald Dunning, *A History of Political Theories from Luther to Montesquieu* (New York: The Macmillan Company, 1916), 61 – 67.

30. John Neville Figgis, *Studies of Political Thought: From Gerson to Grotius, 1414 –1625* (Cambridge: Cambridge University Press, 1907), 175 – 185. 引自 John Neville Figgis, *The Divine Right of Kings*, 2d ed. (Cambridge: Cambridge University Press, 1922), 106 – 136, 219 – 255.

31. 当代政治历史学家昆廷·斯金纳（Quentin Skinner）也重申了基尔克对于阿尔图修斯的评价，认为他是"现代宪政主义演进过程中的关键人物"和"第一位摆脱'整体性神权政治的国家概念'的政治哲学家"（341n1）。但是，和基尔克一样，斯金纳没有说明阿尔图修斯在组织《政治方法汇纂》的主题时运用了拉米斯主义（Ramist）的逻辑，因而错误地得出结论："阿尔图修斯（有过）使'政治学'研究从神学和法学中解放出来的野心……"（342），因此，"……在他名为《政治学精解》（*Politics Methodically Set Forth*）的论文中勾勒出了一种新的、世俗化的政治科学原则"。Quentin Skinner, *The Foundations of*

Modern Political Thought，2 vols.（Cambridge：Cambridge University Press，1978），2：341 - 350。

32. Alessandro Passerin d'Entrèves，"Giovanni Althusio e il problema metodologico nella storia della filosofia politica e giuridica," *Rivista internazionale di filosofia del dritto* 14(1934)：109 - 123.

33. D'Entrèves，"Giovanni Althusio," 115 - 116。对于这一主张的回应以及对于所谓"新教唯意志论"问题更充分的阐述，参见 Grabill, *Rediscovering the Natural Law in Reformed Theological Ethics*，54 - 69。

34. Pierre Mesnard，*L'essor de la philosophie politique de XVIe siècle* (Paris：J. Vrin，1951).

35. Frederick S. Carney，"Associational Thought in Early Calvinism," in *Voluntary Associations：A Study of Groups in Free Societies*，ed. D. B. Robertson (Richmond, Va.：John Knox Press，1966)，39 - 53；和 Carney，"The Associational Theory of Johannes Althusius：A Study in Calvinist Constitutionalism" (Ph. D. diss.，University of Chicago，1960)。

36. Stanley Parry，"The Political Science of Johannes Althusius" (Ph. D. diss.，Yale University，1953)，60 - 80,189 - 201.

37. Ernst Reibstein，*Johannes Althusius als Fortsetzer der Schule von Salamanca：Untersuchungen zur Ideengeschichte des Recht-Staates und zur altprotestantischen Naturrechtslehr* (Karlsruhe：C. F. Müller，1955).

38. Peter Joachen Winters，*Die "Politica" des Johannes Althusius und ihre zeitgenössischen Quellen：Zur Grundlegung der politischen Wissenschaft im 16. und im beginnenden 17. Jahrhundert* (Freiburg：Rombach，1963).

39. Erik Wolf，*Das Problem der Naturrechtslehre：Versuch einer Orientierung* (Karlsruhe：C. F. Müller，1964)；和 Wolf，*Grosse Rechtsdenker der deutschen Geistesgeschichte*，4th ed. (Tübingen：J. C. B. Mohr，1963).

40. Eckhard Feuerherdt，*Gesellschaftsvertrag und Naturrecht in der Staatslehre des Johannes Althusius* (Köln：R. Pulm，1962).

41. Reibstein，*Johannes Althusius als Fortsetzer der Schule von Salamanca*，13. 有关这一争论的更多材料，参见 Friedrich，"Introduction," xxvii-xxix。

42. Winters，*Die "Politica" des Johannes Althusius und ihre zeitgenössischen Quellen*，150 - 151.

43. 作为雷伯斯泰恩-温特斯交锋的晚近补遗，海因里希·简森（Heinrich Janssen）研究了《圣经》作为阿尔图修斯政治理论基础的方式，尤其是有关他对法律以及教会与国家之间关系的理解。除了指出阿尔图修斯没有阐释"一种详细精密的自然神学"之外，简森和雷伯斯泰恩一样认为，阿尔图修斯的自然法原则遵循了阿奎那、科瓦鲁维亚斯（Covarruvias）和瓦斯奎斯（Vásquez）的经院进路，而不是在格劳秀斯和普芬道夫的早期启蒙脉络中（95，97）。Heinrich Janssen, *Die Bibel als Grundlage der politischen Theorie des Johannes Althusius* (Frankfurt am Main: Peter Lang, 1992), 95 - 99. 亦可参见赫莫特·霍伦斯泰因（Helmut Hollenstein）的作品"Schule und Erziehung bei Althusius, Calvin und Comenius in ihrer Bedeutung für die Gemeinschaftsbildung," in *Jurisprudenz, Politische Theorie und Politische Theologie: Beiträge des Herborner Symposions zum 400. Jahrenstag der Politica des Johannes Althusius 1603 - 2003*, ed. Frederick S. Carney, Heinz Schilling, and Dieter Wyduckel (Berlin: Duncker and Humblot, 2003), 7 - 22; Heinz Schilling, "Johannes Althusius und die Konfessionalisierung der Aussenpolitik—oder: Warum gibt es in der Politica keine Theorie der internationalen Beziehungen," in *Jurisprudenz, Politische Theorie und Politische Theologie*, 47 - 69; Christoph Strohm, "Althusius' Rechtslehre im Kontext des reformierten Protestantismus," in *Jurisprudenz, Politische Theorie und Politische Theologie*, 71 - 102; 和 Merio Scattola, "Johannes Althusius und das Naturrecht des 16. Jahrhunderts," in *Jurisprudenz, Politische Theorie und Politische Theologie*, 371 - 396.

44. P. S. Gerbrandy, *National and International Stability: Althusius, Grotius, Van Vollenhoven* (Cambridge, Mass. : Harvard University Press, 1944).

45. James W. Skillen, "The Development of Calvinistic Political Theory in the Netherlands, with Special Reference to the Thought of Herman Dooyeweerd" (Ph. D. diss. , Duke University, 1974), 191 - 217; Skillen, "The Political Theory of Johannes Althusius," *Philosophia Reformata* 39 (1974): 170 - 190; 以及更为晚近的，Skillen, "From Covenant of Grace to Equitable Public Pluralism: The Dutch Calvinist Contribution," *Calvin Theological Journal* 31, no. 1 (April 1996): 72 - 77。

46. Skillen, "From Covenant of Grace to Equitable Public Pluralism," 72.

47. Herman Dooyeweerd, *A New Critique of Theoretical Thought*, 4 vols. , trans. David H. Freeman and H. de Jongste (Jordan Station, Ontario: Paideia Press, 1984), 3: 662, 662 - 663; 亦可参见 Dooyeweerd, *De Strijd om het Souvereiniteitsbegrip in de Moderne Rechts-en Staatsleer* (Amsterdam: H. J. Paris, 1950), 7 - 8。

48. Friedrich, "Introduction," lii-liii.

49. Skillen, "The Development of Calvinistic Political Theory in the

Netherlands," 201，198 – 201；以 及 Skillen，"The Political Theory of Johannes Althusius，"178,177 - 79。

50. Skillen，"The Political Theory of Johannes Althusius，"172. 杜伊维尔对于托马斯·阿奎那(Thomas Aquinas)自然-神恩主题的理解总体上加强了他对于经院哲学的同情，对这一点的批评，参见 Arvin Vos，*Aquinas，Calvin，and Contemporary Protestant Thought：A Critique of Protestant Views on the Thought of Thomas Aquinas* (Washington，D. C. and Grand Rapids，Mich.：Christian University Press and Eerdmans，1985)，128 - 133,148 - 152。

51. 引自 Robert M. Kingdon，"Althusius' Use of Calvinist Sources in His *Politica，" Rechtstheorie* 16(1997)：19 - 28；以及 Andries Raath and Shaun de Freitas，"Theologico-Political Federalism：The Office of Magistracy and the Legacy of Heinrich Bullinger (1504 - 1575)，"*Westminster Theological Journal* 63 (2001)：285 - 304；Robert V. Friedeburg，"From Collective Representation to the Right to Individual Defence：James Steuart's *Ius Populi Vindicatum* and the Use of Johannes Althusius' *Politica* in Restoration Scotland，"*History of European Ideas* 24，no. 1(1998)：19 - 42；John Lewis Marshall，"Natural Law and the Covenant：The Place of Natural Law in the Covenantal Framework of Samuel Rutherford's *Lex，Rex*"(Ph. D. diss.，Westminster Theological Seminary，1995)；和 Grabill，*Rediscovering the Natural Law in Reformed Theological Ethics*。

52. 新加尔文主义者戈登·斯派克曼(Gordon Spykman)同样追随杜伊维尔，他对阿尔图修斯的评价陷入了和斯基伦完全相同的境地。和斯基伦一样，斯派克曼赞颂阿尔图修斯是"兴起于 16 世纪宗教改革的加尔文主义社会思想的系统化顶点，而且第一次明确阐述了在后来的加尔文主义传统中被称为区域主权和区域普遍性的补充性原则"(107)。但是，他认为，阿尔图修斯的社会哲学有大量疑点是可以批评的。第一，"它抛弃了早期经院哲学中社会制度中某种等级概念的残余"(107)。第二，"看起来，法律规范部分来自于自然法理论"(107)。第三，"倾向政治权威的社会契约理论中存在着某种人民主权概念"(107)。然而，尽管有这些所谓的瑕疵，斯派克曼依然认为阿尔图修斯对于多元的社会哲学有相当大的贡献。Gordon Spykman，"Pluralism：Our Last Best Hope?" *Christian Scholar's Review* 10，no. 2(1981)：99 - 115.；亦可见 Spykman，*Reformational Theology：A New Paradigm for Doing Dogmatics* (Grand Rapids，Mich.：Eerdmans，1992)，20 - 25。相比斯基伦和斯派克曼，新加尔文主义社会哲学家亨克·沃尔德林(Henk Woldring)对于阿尔图修斯社会哲学宽泛的决定因素，尤其是他的自然法原则给予了更为准确的评价。与斯基伦和斯派克曼不同，沃尔德林并没有以杜伊维尔反经院哲学的解释视角去过滤阿尔图修斯对于自然法的理解。尽管沃尔德林未能将阿尔图修斯的自然法原则放在他的改革宗同辈的语境中,但他依然展示了对下述进路的初步理解,阿尔图修斯认为"自然法是法律的普遍原则,诸如正义、人道、合理和公平,这些原则由上帝创设于人的本性中,可以被《十诫》的道德律令和兄弟之爱所阐明"。参见 Henk E. S. Woldring, "Multiform Responsibility and the Revitalization of Civil Society," in *Religion*, *Pluralism*, *and Public Life*: *Abraham Kuyper's Legacy for the Twenty-First Century*, ed. Luis E. Lugo (Grand Rapids, Mich.: Eerdmans, 2000), 178; 以及 Woldring, "The Constitutional State in the Political Philosophy of Johannes Althusius," *European Journal of Law and Economics* 5(1998): 127 - 128。

53. Daniel J. Elazar, *Covenant Tradition in Politics*, vol. 1, *Covenant and Polity in Biblical Israel*: *Biblical Foundations and Jewish Expressions* (New Brunswick, N. J.: Transaction Publishers, 1995), 26.

54. 顺便说一下,埃里克·沃格林(Eric Voegelin)单方面地否定阿尔图修斯对于拉米斯主义方法的运用,因此在 20 世纪的政治哲学家和思想史学家中独树一帜:"拉米斯主义方法的运用将帮助我们确定阿尔图修斯作品的地位——由于奥托·冯·基尔克的著作,他的作品依然被高估了。《政治方法汇纂》是迄今为止加尔文主义反暴君团体最为坚实的作品;……它是这样一部作品,一位实践经验丰富的法律人在他的'方法'帮助下将自己的丰富知识整理成为一本有序的书;但是它断然不是一位伟大政治思想家的作品"(56)。然而,有人怀疑,沃格林的批评更多地是因为他不满阿尔图修斯成功地将改革宗教会学与司法结构整合在一起,而不是因为不满阿尔图修斯明确否认让·博丹将罗马天主教教会学(*plenitudo potestatis*)与共同体内的主权问题整合在一起。沃格林对阿尔图修斯的批评看起来也是在总结与重申基尔克早年的批评(引自 Girerke, *The Development of Political Theory*, 22 - 23)。Eric Voegelin, *The Collected Works of Eric Voegelin*, vol. 23, *History of Political Ideas*, vol. 5, *Religion and the Rise of Modernity*, ed. James L. Wiser (Columbia, Mo.: University of Missouri Press, 1998), 55 - 59。

55. J. Wayne Baker and Charles S. McCoy, *Fountainhead of Federalism*: *Heinrich Bullinger and the Covenantal Tradition* (Louisville, Ky.: Westminster/John Knox Press, 1991), chap. 2, "The Development of the Federal Theological Tradition," 29 - 44; chap. 3, "Federal Political Philosophy: Mornay and Althusius," 45 - 62.

56. Fabrizio Lomonaco, "Huguenot Critical Theory and 'Ius Maiestatis' in Huber and Althusius," in *New Essays on the Political Thought of the Huguenots of the Refuge*, ed. John Christian Laursen (Leiden: E. J. Brill,

1995),171 - 192.

57. Charles McCoy, "The Centrality of Covenant in the Political Philosophy of Johannes Althusius," in *Politische Theorie des Johannes Althusius*, ed. Karl-Wilhelm Dahm, Werner Krawietz, and Dieter Wyduckel (Berlin: Duncker and Humblot, 1988),187 - 199;以及 McCoy, "Der Bund als Grundmetapher in der Politica des Johannes Althusius," in *Gottes Zukunft—Zukunft der Welt* (München: Chr. Kaiser Verlag, 1986),332 - 344.

58. Baker and McCoy, *Fountainhead of Federalism*, 50.

59. 在麦考伊看来,"在阿尔图修斯笔下,由于他深受黑博恩联邦主义的影响,圣约作为根本的政治原则含括了罗马法的契约主义以及在亚里士多德主义和自然法传统中发现的政治在人类生活中的中心地位",参见 McCoy, "The Centrality of Covenant in the Political Philosophy of Johannes Althusius," 190。

60. 在这方面,丹尼尔·埃拉扎的四卷本《政治学中的圣约传统》(*Covenant Tradition in Politics*)系列是他的最高成就。Elazar, *Covenant and Polity in Biblical Israel: Biblical Foundations and Jewish Expressions*, vol. 1 (New Brunswick, N. J.: Transaction Publishers, 1995); Elazar, *Covenant and Commonwealth: From Christian Separation Through the Protestant Reformation*, vol. 2 (New Brunswick, N. J.: Transaction Publishers, 1996); Elazar, *Covenant and Constitutionalism: The Great Frontier and the Matrix of Federal Democracy*, vol. 3 (New Brunswick, N. J.: Transaction Publishers, 1998); 和 Elazar, *Covenant and Civil Society: The Constitutional Matrix of Modern Democracy*, vol. 4 (New Brunswick, N. J.: Transaction Publishers, 1998).

61. Daniel J. Elazar, "Althusius' Grand Design for a Federal Commonwealth," in *Politica: An Abridged Translation of Politics Methodically Set Forth and Illustrated with Sacred and Profane Examples*, ed. and trans. Frederick S. Carney (Indianapolis, Ind.: Liberty Fund, 1995),xxxv. 在这一页之后不远处,埃拉扎将阿尔图修斯的主要贡献总结如下:"阿尔图修斯的《政治方法汇纂》是第一本提出一种联邦共和主义综合理论的书,这种理论根植于一种人类社会的圣约概念,这一概念源于但不依赖于神学体系。它提出了一种政体构建理论,认为政体是一个复合政治联合体,由它的公民通过原初联合体所建立,该原初联合体以同意而非统治者或精英强加的一个具体国家为基础。"引自 Elazar, *Covenant and Polity in Biblical Israel*, vol. 1,26;以及 Elazar, *Covenant and Civil Society*, vol. 4,1 - 2,20 - 21,27 - 28。

62. 与埃拉扎形成对照的是,托马斯·胡格林主张,虽然美国的联邦党人利用了旧时代的欧洲联邦主义传统,例如,孟德斯鸠《论法的精神》中的联邦主义传统——以及通过孟德斯鸠在其中对于历史范例的运用,利用了阿尔图修斯联盟联邦主义(consocialtional federalism)理论——然而"可以认为,联邦党人的解释与(旧时代欧洲的)联邦主义传统形成了有意而激进的断裂"。Hueglin, "Federalism at the Crossroads: Old Meanings, New Significance," *Canadian Journal of Political Science* 36, no. 2 (June 2003): 276,275 - 294.

63. Michael Behnen, "Herrscherbild und Herrschaftstechnik in der 'Politica' des Johannes Althusius," *Zeitschrift für historische Forschung* 11(1984): 417 - 472.

64. Alain de Benoist, "The First Federalist: Johannes Althusius," *Krisis* 22 (March 1999): 2 - 34.

65. Ken Endo, "The Principle of Subsidiarity: From Johannes Althusius to Jacques Delors," *Hokkaido Law Review* 44, no. 6(1994): 629 - 632,553 - 652.

66. Thomas Hueglin, "Taking Stock: Althusius After Four Hundred Years," in *Jurisprudenz, Politische Theorie und Politische Theologie* (2003), 305 - 317; Heuglin, "Federalism at the Crossroads: Old Meanings, New Significance," *Canadian Journal of Political Science* 36, no. 2 (June 2003): 275 - 294; Hueglin, "Covenant and Federalism in the Politics of Althusius," in *The Covenant Connection: From Federal Theology to Modern Federalism*, ed. Daniel J. Elazar and John Kincaid (Lanham, Md.: Lexington Books, 2000), 31 - 54; Hueglin, *Early Modern Concepts for a Late Modern World*; Hueglin, "Have We Studied the Wrong Authors? On the Relevance of Johannes Althusius," *Studies in Political Thought* 1, no. 1 (1992): 75 - 93; Hueglin, "Johannes Althusius: Medieval Constitutionalist or Modern Federalist?" *Publius: The Journal of Federalism* 9, no. 4 (Fall 1979): 9 - 41;以及 Hueglin, *Sozietaler Föderalismus: Die politische Theorie des Johannes Althusius* (Berlin: Walter de Gruyter, 1991).

67. Patrick Riley, "Three Seventeenth Century German Theorists of Federalism: Althusius, Hugo, and Leibniz," *Publius: The Journal of Federalism* 6, no. 3 (Summer 1976): 7 - 41.

68. Nicholas Aroney, "Formation, Representation and Amendment in Federal Constitutions," *The American Journal of Comparative Law* 54 (Spring 2006): 277 - 336;以及 Aroney, "Althusius at the Antipodes: The *Politica* and Australian Federalism," in *Jurisprudenz, Politische Theorie und Politische Theologie*, 529 - 546.

69. Hueglin，"Have We Studied the Wrong Authors?" 89.

70. Hueglin，*Early Modern Concepts for a Late Modern World*，152. Cf. Endo，"The Principle of Subsidiarity，" 629 – 632。最近由约翰斯·阿尔图修斯协会 (Johannes Althusius Gesellschaft)资助的出版物已经研究了这样的主题,诸如现代早期联邦主义中的同意与联盟,以及在教会、国家和社会中的附属概念。1973 年出版的大部头两卷本《阿尔图修斯书目》(*Althusius-Bibliographie*)是近期创立的阿尔图修斯协会的第一部出版物,该协会目前与德累斯顿工业大学(the Technical University fo Dresden)的法律教员联合并重新命名为"现代早期法律理论和宪法史研究协会"(the Society for Research on Early Modern Legal Theory and Constitutional History，http：//www. althusius. de),而且整理了阿尔图修斯的所有作品、或者截止出版之前所有有关他的生平和工作的作品。协会从最早到最近的主要出版物如下：Frederick S. Carney，Heinz Schilling, and Dieter Wyduckel，eds.，*Jurisprudenz，politische Theorie und politische Theologie：Beiträge des Herborner Symposions zum 400. Jahrestag der Politica des Johannes Althusius 1603 – 2003*（Berlin：Duncker and Humblot，2004）；Emilio Bonfatti，Giuseppe Duso, and Merio Scattola，eds.，*Politisches Begriffe und historisches Umfeld in der Politica methodice digesta des Johannes Althusius*（Wiesbaden，2002）；Peter Blickle，Thomas Hüglin，and Dieter Wyduckel，eds.，*Subsidiarität als rechtliches und politisches Ordnungsprinzip in Kirche，Staat und Gesellschaft：Genese，Geltungsgrundlagen und Perspektiven an der Schwelle des dritten Jahrtausends*（Berlin：Duncker and Humblot，2002）；Giuseppe Duso，Werner Krawietz，and Dieter Wyduckel，eds.，*Konsens und Konsoziation in der Politischen Theorie des frühen Föderalismus*（Berlin：Duncker and Humblot，1997）；Karl-Wilhelm Dahm，Werner Krawietz，and Dieter Wyduckel，eds.，*Politische Theorie des Johannes Althusius*（Berlin：Duncker and Humblot，1988）；以及 Dieter Wyduckel，*Althusius-Bibliographie：Bibliographie zur politischen Ideengeschichte und Staatslehre，zum Staatsrecht und zur Verfassungsgeschichte des 16. bis 18. Jahrhunderts*，2 vols.，ed. Hans Ulrich Scupin and Ulrich Scheuner（Berlin：Duncker and Humblot，1973）。对这一作品的评论,参见 Theo Veen，"Een Fundgrube voor de historische wetenschap：de Althusius-Bibliografie，" *Bijdragen en Mededelingen Betreffende de Geschiedenis der Nederlanden* 94，no. 1(1979)：89 – 96。

71. Gierke，*The Development of Political Theory*，54.

72. Ibid.

73. Berman, *Law and Revolution*, Ⅱ, 125 - 126.

74. Ibid., 125. 伯尔曼的评价与基尔克的形成了鲜明对比, 后者写道:"即使总体上这一复杂精巧的体系没有获得持久的成功,它至少如它的作者所期望的,促进和净化了法律研究,而且事实上由他首先提出的几种重新安排的方式随着时间的流逝而被普遍接受。" Gierke, *The Development of Political Theory*, 55。

75. 《法学大全》的这一概述是基尔克一篇更长篇幅、更详尽讨论的摘要,参见 Gierke, *The Development of Political Theory*, 55 - 59。

76. Gierke, *The Development of Political Theory*, 57 - 58.

前　言

献给尊贵的,德行、学识和地位突出的,卓越且睿智的人们,著名的埃姆登市执政和参议员阁下,最值得我尊敬的大人们。

致敬!

我尊敬的,十分尊贵、睿智、杰出和经验丰富的大人们,几年之前,我出版了《罗马法》。这本著述在不同的时间和场合受到了有悖于我的想法与期望的赞誉和批评。不仅如此,其他博学与杰出的人士已经多次建议我召回那本著述,以使我能更充分地消除与阐释我表述得相当简单粗略、模糊不清的内容。我用心地听从了这些意见,将所有不用向国家履行职责与义务的闲暇时间都用在了这件事情与工作中。这些早前的心血产生了一项几乎是全新的、事实上在很多方面不同于之前版本的成果。我本意是想用上帝赐予我的才能帮助那些研究我的《罗马法》的人。如果我实现了这一目标,让我感谢上帝,因为是他赐予我力量。如果没有实现,至少,我给了其他人一个机会更充分地思考这些问题。《罗马法》的主题分散在优士丁尼《学说汇纂》各卷中,我将其归入特定的章节和标题之下。那些被人从恰当的位置打散弄乱的东西,我将其放回各自的恰当之处并且归置整齐。我根据其逻辑序列和说明,按照自己的判断安排所有的主题,以便它们可以依次对应下面的讨论,并且后面的讨论可以从前面的讨论中获得启示。一些主题曾经偏离正题,游荡于灰色地带,在那里一些人将它们置于占有[1]或所有权(ownership)[2]的标题之下,另一些人放在契约(agreements)[3]之下,而一些人将其放在私犯(wrongdoings)[4]的种类之下,其他人主张刑事诉讼,[5]还有其他一些人将其视为各自单独的种类。事实上,一些主题此前已经被驱逐和排除出法律领域,仿佛它们是被合法放逐,不再有法律资格。我承认这些受过损害的主题的地位,我将它们放回原初的位置并将其归于自己的家族中。在所有这些情形之下,我自由地运用自己的判断,也留给他人同样的自由。但是我相信,是为了献给你们,我高尚的、最尊贵和可敬的大人们,我才记录下我的这些劳动成果。诚然,它们诞生于你们的领地内,它们无疑承认你们的庇佑,因为上帝已经赐予你们这座城市的钥匙,这座城市是全弗里西亚(Frisia)的中心。通过这种方式,我的作品会颂扬你们对我的仁慈、恩惠以及多年来在我服务于你们卓越的国度期间你们待我的善意。除此之外,这本书所处理的材料大部分你们都熟悉,是老生常谈,看起来需要像你们这样公正和思维活跃的人的庇佑。你们,我是说,你们本人,在如此困难、危险和悲惨的时代治理这样一个人口众多的国度,同时以上帝作为信心源泉和引领者,用巨大的力量、勇气和超人的审慎指挥着比利时战争(the Belgic Wars)。你们不仅驾驶着共和国的战舰穿过如此危险的狂风暴雨,迎着狂风与洪流将其驶抵安全的港湾,而且,由于你们超乎寻常的英明决策,[6]使得某些城邦可以为帝国战斗,你们供养了帝国,使它变得富有,在上帝的保佑下保护它免受暴力、攻击和国内外敌人的活动,以及很多抱怨者、申诉者的困扰。因此,最尊贵、卓越和睿智的人们啊,接受这一馈赠作为你们对我的仁慈和我对你们的爱戴的见证吧,作为我对你们的国家所承担的职责的保证[7]吧。愿上帝保佑国家在这个动荡不安的地区免受叛乱、恐惧和革命的侵害,愿上帝保佑你们的教会和所有信奉基督的人们日子丰饶,愿上帝保佑你们尽可能地安全。愿上帝用智慧和力量主宰所有地方。愿上帝的祝福愈加丰盈。

1618 年 3 月 1 日于埃姆登

最真挚的祝福

约翰斯·阿尔图修斯

注释:

1. *Possessio.*（编者按：阿尔图修斯在文中所引的希腊文因为格式原因已经省略。）
2. *Dominium.*
3. *Conventio.*
4. *Delictum.*
5. *Iudicium.*
6. *Privilegium.*
7. *Pignus.*

第一章 论普通法

（第一卷 第13章）

至此,在《法学大全》的第一部分,我已经讨论了契约(*Negotium*);在下一部分,我将讨论法律。

1. **法律是什么**——在我看来,法律[1] 是:因为人类[2] 事务[3] 中的行为[4] 或者因为某种个人[5] 的需要、利益[6] 和这一生活方向的出现而确立的东西。[7]

2. **它的不同称谓**——由于这个原因,法律公开或私下通常被称为[8] 为了人类利益的制度;[9] 有关个人之间契约的命令;[10] 有关正义和不正义之事的规则;有关正义和不正义之人的规则;善的统治者、领导者;国家的口头契约;[11] 行为和生活方式的规范;[12] 正义和不正义之人的区分者;[13] 规定所有必须做的事情的法案;[14] 成文法;裁判;法案;[15] 公平的法则。[16]

3. **法律的制定和种类**——在我所给出的法律定义中,已经包括了它的制定和不同形式。[17]

4. **法律的理性**——因为单个契约的本性与品质符合正确的理性(*Recta ratio*)[18],符合人类福祉(*Utilitas*)和需要[19],某种事物被构想和实施[20] 时,法律就得以制定。

5. **法律源自诉讼**——因此,有关法律,一种说法是单个判决一定来自诉讼,[21] 因为我研读过优士丁尼《学说汇纂》中的这一问题,我依据其中的说法进行回应。[22] 而且,我仔细审视了那种来自诉讼的法律;[23] 诉讼背后的意图;[24] 法律得以确定的案件;[25] 以及法律得以制定的情势,[26] 换言之,当情势和当事人都为人所共知时,诉讼或者契约是什么。[27] 因此,没有法律相伴的诉讼是无力自卫(*Nudum*)或者说缺乏保护的(*Merum*)。[28] 今天,法律专家们称这种法律是诉讼的要义(*Meritum causae*)。至于哪种法律是有限的,[29] 哪种法律可以适用,哪种法律受到影响,[30] 以及哪种法律不在法官的权限之内,[31]《学说汇纂》常常为利害关系人回答这些问题。[32]

在犹太人中间,法律学者和立法者自身在以下地方讨论法律:《圣经》的《出埃及记》第 18 章 15 节以下;《申命记》第 1 章 16—17 节、第 17 章 2—5 节以下;《历代志下》第 19 章。[33] 参见第 15 章对这一文本的一个讨论。

6. 当法律制定时——法律的制定包括两个方面——自然法或者普通法,以及市民法或者个别法[34]——就像法律所保护的人类生活福祉与需要包含两个方面:普遍适用于所有人的,或者适用于个别地方和人的。

7. 自然法的性质——如果法律是由普遍正确的理性为了一般意义上的人类社会生活的普遍需要与福祉创造的,那么这部法律就是自然的和普遍的。因此,它被称为自然法。

8. 市民法的性质——如果法律是由个别正确的理性因为某个特定地方的社会生活需要和福祉而引入和制定的,那么这部法律就是市民的或者个别的。因此,它被称为某地的个别法或者市民法。

9. 一种普遍的错误——一般人错误地将法律分为普通法、自然法、国家法(the law of nations)和市民法。事实上,它们不是法律的种类,换言之,不是法律的效果,而是法律生效的原因(*Causae efficientes*)。在优士丁尼看来,所有被编纂的法律都来自于这些自然和正确理性的命令。[35]

10. 作为法律制定原因的需要与普遍善（the Common Good）——它们源自于人类生活福祉和需要的推论，[36] 他写道，"国家因为迫切的利益和人类需要为自身制定某些人法"，[37] "每一个民族都为自己制定法律"，[38] "每一个国家都为自己制定自己的法律"。[39] 因为自然、共同体或者某个特定的地方这些生效的原因，法律被称为自然法、国家法或市民法，换言之，普遍适用于所有民族的法律（*Commune*）或者个别人群的法律（*Civile*）[40]，它们也被称为自然正义（*Aequitas Naturalis*）或者市民正义（*Aequitas Civilis*）。[41] 它也被称为自然法（*Ius Naturale*）或者律法（legal law，*Ius Legitimum*）。[42]

11. 普通法——因此，普通法是自然或者上帝自人一出生就镌刻在人内心的法律，人们根据普通法从事或者避免某种行为，它足以保全人类社会的普遍善，将作恶者入罪，或者为无辜者申辩。[43]

12. 人类对自然法的知觉和趋向——因此，在人类内心存在着对这种法律的知觉和天然向往。因为它，一个人知道什么是公正的，并且在自然隐秘冲动的驱使下去做公正的事情，不做不公正的事情。[44]

13. 自然法的不同术语——这种法律被赋予了不同的称谓。有时它被称为自然法（*Ius Naturale*）。[45] 其他时候，它被称为自然的律法（*Lex Naturalis seu naturae*）。[46] 它也被称作自然理性（*Ratio Naturalis*）、[47] 默示的法律（*Lex Tacita*）、自然提供给人类的法律、[48] 神的规则或法律（*Lex Dei seu Ius Dei*），[49] 或者永恒法（*Ius Immutabile*）。[50]

14. 法律的根基何在——此外，上帝教导并且在人类内心镌刻下公平正义以及不公平不正义的基本原则；他约束、敦促和激励所有民族去做或者不做这些事情；他通过内在良知控诉那些没有做到这些事情的人，宽恕那些做到的人。[51] 因此，他敦促人们向善，唤回那些作恶的人。如果有人听从他的教导向善，那个人就被宽恕。谁没有向善就将受到他的控诉。

15. 源自自然法的义务（duties）——我上面提到的原则，涉及人类的两条主要义务。一条关系我们自身;另一条关系其他人。

与我们自身有关的,有三种主要的冲动:(1)自卫,[52](2)自我保全[53]以及(3)自我繁衍。

自我繁衍既包括男性和女性的结合,[54] 也包括恰当抚养我们生育的孩子。[55]

关涉他人的义务是要关照上帝或者我们的邻人。

它要求关照上帝,上帝教导和镌刻下这一法律,尤其是教导和敦促我们知觉和崇拜他,[56] 这里他特别提到了十诫的第一表。[57]

它要求关照我们的邻居,正如它教导和激励我们承担起保护我们的邻人和避免伤害他们的义务,这是十诫第二表倡导的理念。参见上述《马太福音》和《路加福音》的段落。第三,它教导我们,你希望别人怎么对你,你也应该怎么对别人,反过来也是如此。[58] 这就意味着正直地生活,不伤害他人,各得其所。[59]

16. 自然知识和趋向的程度和限度——此外,尽管那些自然原则对于所有民族是完全一样的,它们在镌刻和敦促的层次(*Gradus*)与方法(*Modus*)上依然存在差异。事实上,这些原则并非同等地镌刻于所有人的内心;在有些人心中,它们镌刻得更为生动、丰富和有效,而在其他人心中,因为上帝镌刻和教导的意志则镌刻得克制而不是生动。因此,真实的情况是,虽然这些原则已经写进了每一个人的心中,但是从中得出的结论并非相同。相反,一些人懂得如何从中推出更多结论;另一些人得出的结论则比较少。不仅如此,自然理性(*Ratio Naturalis*)常常在如下两个方面存在分歧:一是对存在于思想中的这些共享原则(*Axiomatica*)理念的理解,因为自然理性并没有在每一件事上清楚透彻地理解它们;二是当理性的能力和意志薄弱时,对个人理念的控制,对于从普遍原则中得出的结论,以及对于个人事务的应用,因为自然理性常常自相矛盾。[60]

17. 自然知识和趋向的程度和限度——那些原则所教导的,敦促和激励做这些事情的方法与层次也会变化。事实上,很多人对从自然法得到的知识非常轻视。[61] 另一些人因为专注于研究这些原则而被更有效地激励遵守自然法。显然,在上帝选民的心中,这种自然法总是更为生动和有效,就像上帝在《耶利米书》第 31 章中所承诺的那样。

18. 其他人在自然法和国家法之间所做的区分——其他人将普通法(*Ius Commune*)分为自然法和国家法。[62] 在其他地方更好一些。[63] 事实上,其他人可以正确地称每一种法律为自然法。[64] 自然法仅仅适用于人类,而且被命名为国家法的法律常被优士丁尼的《学说汇纂》称为自然法。[65] 他们所称的自然法被描述为单纯的、不证自明的智识理性,在人类和动物理性的范围内,[66] 教导人类过神圣清白的生活。[67] 出于这个原因,它被一些人称为理性法(*Ius Rationis*)[68] 或者固有法。[69] 虽然这种法律并非仅靠自己产生而仅仅是一种思想,但是知晓它甚或理解它的能力则是源自自然。因此,它也被称为自然法[70] 或者被称为自然正义,[71] 因为野蛮的动物有时候模仿这一法律,被认为具有它的某些表征。[72]

19. 国家法——在他们看来,国法是培育着动物性本能、政治社会和人类之善的人,通过宣示、冷静推理或者思想交流制定的东西。[73] 因此,在这普遍的人类生命历程中,我们可以过上美好、幸福和愉悦的生活。[74] 正是凭借这一精神,上帝的使徒命令我们做有益于他人的事情。[75]

它教导我们过得好并且拥有愉悦的生活,因为它规定了什么对人类生活是有益(*Utilia*)和必要的(*Necessaria*),[76] 而且因为它适用于人类社会。[77] 这里,在动物身上看不见对于法律的反映。[78]

20. 国家法的不同称谓——优士丁尼有时称这种国家法为自然法,有时称为利益(benefit, *Utilitas*),[79] 为功利目的而接受的东西,[80] 更好的正义(*Aequius Melius*),[81] 良好的正义,[82] 纯粹的国家法,[83] 违背自然的或者自然的理性,[84] 甚或称为出于公平通过有说服力的逻辑而制定的法律。[85] 维森鲍姆(Wesenbaum)称它为冷静推理的法律(*Ius*

Ratiocinationis）。

21. 例证——根据这一法律,战争得以进行,俘虏待遇和对于罪犯的惩罚得以决定,多数契约受到质疑,个人财产得以界分,司法裁决得以产生,王国和城市得以建立,地方长官得以任命。[86] 简言之,为了人类社会的延续和维护而确立了相似的需要和利益。[87]

这就是《学说汇纂》"关于正义和法律"以及《法学阶梯》"自然法、万民法和市民法"标题之下的大部分内容。

注释:

1. 它确实有其他很多定义,列举如下：*Digest*，1. 1，De Iustitia et Iure，11，12.
Digest，1. 6，De His Qui Sui vel Alieni Iuris sunt，2. Jura，De Reg. Jur.，l.
Digest，1. 7，De Adoptionibus et Emancipationibus et Aliis Modi Quibus
Potestas Solvitur，23. *The Institutes*，1. 15，De Legitima Patronorum
Tutela，3. *The Institutes*，2. 2，De Rebus Incorporalibus. *Digest*，38. 16，
De Suis et Legitimis Heredibus，4. *Digest*，50. 16，De Verborum
Significatione，25. *The Institutes*，4. 16，De Poena Temere Litigantium，3.
Cujac, De Just. et Iure，1. Donelli，1. 0. 3.

2. *The Institutes*，1. 3，De Iure Personarum，5. *Digest*，1. 5，De Statu
Hominum，2. *Digest*，41. 3，De Usurpationibus et Usucapionibus，28. Gen.
1：26，28；Ps. 3.

3. *The Institutes*，1. 2，De Iure Naturali，Gentium et Civili，12.

4. *Digest*，9. 2.，Ad Legem Aquiliam，52. 2. *Digest*，48. 8，Ad Legem Corneliam
de Siccariis et Veneficis，1. 3. *Digest*，43. 24，Quod Vi aut Clam，3. *Digest*，27.
6，Quod Falso Tutore Auctore Gestum Esse Dicatur，9. 1. *Digest*，44. 7，De
Obligationibus et Actionibus，52. *Digest*，De Adulter，11. 12. *Digest*，4. 5，De
Capite Minutis，10，11. *Digest*，1. 5，De Statu Hominum，16. *Digest*，26. 2，De
Testamentaria Tutela，30. *Digest*，17. 2，Pro Socio，52. *Digest*，5. 1，De
Iudiciis：Ubi Quisque Agere Vel Conveniri Debeat，79. 1. Ex. 18：15，16ff.；1
Cor. 6：2 - 6；Deut. 17 - Num. 8.

5. *Digest*，1. 5，De Statu Hominum，1. *Digest*，44. 7，De Obligationibus et
Actionibus，3.

6. 1 Cor. 6：3，4；7：30，31，39. *The Institutes*，3. 27，De Obligationibus quasi
ex contractu，1. *The Institutes*，3. 26，De Mandato，10. *The Institutes*，1.

2,De Iure Naturali, Gentium et Civili, 2.

7. Ex. 18：20ff. ; Prov. 6：23.

8. *Digest*, 1. 1, De Iustitia et Iure, 1. 4. *Digest*, 1. 2, De Origine Iuris et Omnium Magistratuum et Successione Prudentium, 2. 1. *Digest*, 1. 4, De Constitutionibus Principum, 2. *Digest*, 1. 3, De Legibus Senatusque Consultis et Longa Consuetudine, 25. Ben Sirah 4：4ff. ; Mic. 6：8; 1 Tim. 2：1－4; 1 Cor. 12：7ff. ; Col. 1：10; Deut. 12：10.

9. *Digest*, 1. 5, De Statu Hominum, 2. *The Institutes*, 1. 2, De Iure Naturali, Gentium et Civili, 12. *Digest*, 41. 3, De Usurpationibus et Usucapionibus, 28.

10. Ex. 18：16,22,26;22：9; Deut. 17：8,9ff. ; 1 Thess. 4：6; Acts 19：38.

11. *Digest*, 1. 3, De Legibus Senatusque Consultis et Longa Consuetudine, 12. Ex. 18：16.

12. Deut. 18：20ff. ; Prov. 6：23.

13. *The Institutes*, 1. 1, De Iustitia et Iure, 1. D, d. t. 10. Heb. 5：14; Phil. 1：9,10; 1 Cor. 12：9; 1 John 4：1.

14. Rom. 3：27; Matt. 23：23; 11：42.

15. Deut. 17：9ff. ; Prov. 6：23; Ex. 18,16,20; 2 Chron. 19：8－11; Ps. 119.

16. Rom. 9：31;6：19; Matt. 6：33; Titus 2：12; James 1：20.

17. 这和 Hilliger, 1. 2 和 2. 1 以及 Donelli, *Enucleat*, De Speciebus Juris, 18. 1. 2 中是一致的。

18. *Digest*, 1. 1, De Iustitia et Iure, 9,在这里正确的理性被称为与本性（*Naturalis ratio*）一致。

19. *Digest*, 7. 1 De Usu Fructu et Quemadmodum quis utatur fruatur, 2,这里福祉被称作利益（*Usus*）, and *The Institutes*, 1. 2, De Iure Naturali, Gentium, et Civili。

20. *The Institutes*, 1. 1, De Iustitia et Iure, 1. 2. D. d. t.

21. *Digest*, 2. 15, De Transactionibus, 15. 1, creditor. *Digest*, 20. 4, Qui Potior in Pignore vel hypothecae datae obligari non possunt, 4. 2 Sam. 12：1,2ff. ; 1 Kings 3：16,17;20：29－41; Num. 15：32ff. ; Josh. 7：20－21ff. ; Ex. 18：16－18; Num. 16；27：2－4; Matt. 26：61ff. ; 21：33－35,40,41; Est. 1：13,14ff. ; Acts 5：1,2ff. ; 1 Kings 20：39－42.

22. *Digest*, 28. 6, De Vulgari et Pupillari Substitutione, 49. *Digest*, 28. 5, De Heredibus Instituendis, 69. Ant. Fab. , Jurisprudence, 1. 7.

23. *Digest*, 33. 2, De Usu et de usu fructu et reditu et habitatione et operas per legatum vel fideicommissum datis, 28. *Digest*, 26. 2, De Testamentaria

Tutela，30. *Digest*，20. 5，De Distractione pignorum et hypothecarum，7. 2. *Digest*，[?]，De Legat，114. *Digest*，40. 2，De Manumissis Vindicta，15. *Digest*，20. 4，Qui Potior in Pignore vel hypothecae datae obligari non possunt，8. *Digest*，35. 2，Ad Legem Falcidiam，80. De Rebus Creditis Si Certum Petetur et De Condictione，41. *Digest*，28. 1，Qui Testamenta Facere Possunt et Quemadmodum Testamenta Fiant，19. *Digest*，38. 6，De Mortis Causa Donationibus et Capionibus，31. *Digest*，2. 8，Qui Satisdare Cogantur vel Iurato Promittant vel Suae Promissioni Committantur，7.

24. *Digest*，44. 3，De Diversis Temporalibus Praescriptionibus et De Accessionibus Possessionum，5. 1. *Digest*，28. 5，De Heredibus Instituendis，35.

25. *Digest*，9. 2，Ad Legem Aquiliam，52. 7.

26. *Digest*，48. 8，Ad Legem Corneliam de Siccariis et Veneficis，1. 3.

27. *Digest*，48. 19，De Poenis，16. *Digest*，44. 3，De Diversis Temporalibus X Praescriptionibus et De Accessionibus Possessionum，3. 2. *Digest*，22. 5，De Testibus，3. 2. *Digest*，46. 8，Ratam Rem Haberi et De Ratihabitione，12. 2. *Digest*，9. 2，Ad Legem Aquiliam，51. 2.

28. *Digest*，46. 3，De Solutionibus et Liberationibus，48. 6. *Digest*，41. 1，De Adquirendo Rerum Dominio，9. 5. *Digest*，45. 1，De Verborum Obligationibus，52. 1.

29. *Digest*，22. 6，De Iuris et Facti Ignorantia，2. *Digest*，1. 3，De Legibus Senatusque Consultis et Longa Consuetudine，9，10ff.

30. *Digest*，22. 6，De Iuris et Facti Ignorantia，9. 3. *Digest*，1. 2，De Origine Iuris et Omnium Magistratuum et Successione Prudentium，2. 43. *Digest*，37. 1，De Bonorum Possessionibus，10.

31. *Digest*，50. 1，Ad Municipalem et De Incolis，1. *Digest*，48. 16，Ad Senatus Consultum Turpillianum et De Abolitionibus Criminum，1. Deut. 17：7 – 10ff.

32. *Digest*，5. 1，De Iudiciis：Ubi Quisque Agere vel Conveniri Debeat，79. *Digest*，1. 5，De Statu Hominum，16. 参见下面的第 15 章。

33. Exodus 18：15ff. ；Deuteronomy 1：16,17;17：2 – 5ff. ；2 Chronicles 19.

34. *The Institutes*，1. 1，De Iustitia et Iure，1. 2.

35. *The Institutes*，1. 1，De Iustitia et Iure,同一卷 1. 2。

36. *The Institutes*，1. 2，De Iure Naturali，Gentium et Civili，2.

37. *Institutes*，1. 2. 1.

38. *Institutes* 1. 2. 11。

39. *Institutes*，1. 2. 4 – 6, 9；*Digest*，1. 1，De Iustitia et Iure；Digest，1. 4，De Constitutionibus Principum，64；*Digest*，1. 3，De Legibus Senatusque Consultis et Longa Consuetudine，5, 16；*Digest*，1. 4，De Constitutionibus Principum，2。

40. *Digest*，1. 1，De Iustitia et Iure，6, 9, 11. *Institutes*，1. 2，De Iure Naturali，Gentium，et Civili，1, 2, 3. *Digest*，41. 1，De Adquirendo Rerum Dominio，1. *Digest*，50. 16，De Verborum Significatione，195. *Digest*，4. 4，De Minoribus Viginti Quinque Annis，16；de in integr. Rest. Minor，ult C. *Institutes*，1. 10，De Nuptiis，7. *Institutes*，2. 11，De Militari Testamento，1. *Digest*，27. 7，De Fideiussoribus et Nominatoribus et Heredibus Tutorum et Curatorum，51. § pen. de fideiuss. l. ult. C. de in integr. restit. min. § 3. § fin. Instit. quib. non est permiss. test. cond. Also，Cujac. lib. 15. obs. c. 33。

41. l. 1. § 1. si quis test. lib. esse iuss. l. 45. § qui cum ad L. Aquil. § retinenda. inst. de interdict. § ult. de superficieb. L. 39 de negot. gest l. 1. de contrar. tut. act. l. 31. deposit. 参见 Connan. lib. 1. com. c. 3. c. 4。

42. § 14. sed cum ea. Inst. de hared. qua ab intestate. § 7. Inst. de usu and habitat. L. 77. de reg. iur. tit. Inst. de legit. agnat. tutel. tit. de legit. hared. L. 6. de pact.

43. Rom. 1：19 – 21, 32；2：15 – 17；1 Cor. 5：1 – 3, 11：14.

44. Rom. 2：15, 16；7：15 – 18, 22, 23.

45. tit. Inst. de iure natur. gent. et civ.

46. § 1. Instit. de iure. nat. gent. l. penult. de iustit. and iure. § singulorum. § res vendita. Institut. de rer. divis. l. 16. § naturales. de fideiuss. l. 10. de oblig. and actio. l. 95. § natura. de solus. l. 126. § Chrysogonus. de verb. obligat. l. 16. § 4. de minor. l. 22. locat.

47. § 1. Instit. de iur. natur. gent. l. 9. l. 1. § 3. l. 6. l. 11. de iust. and iur. ll. de adquir. rer. dom. l. 1. de minor. l. 7. § 1. de integr. restit. § 12. fera. Instit. de rer. divis. ll. l. 2. l. 14. l. 15. l. 16. de legib. 1 Cor. 11：13, 14；Rom. 2：16.

48. § 11. singulorum. § 41. vendita. Instit. de rer. divis. l. 1. de adquir. rer. dom. ius gentium. d. § 11. l. 9. de iust. and iur. Donell. lib. 1. comm. c. 6.

49. Rom. 1：32；2；7：22, 25.

50. Rom. 2：16，Esa. 49：15；Matt. 14：4；7：9, § pen ubi Dd. Instit. de iur. nat. gent. et civili.

51. Rom. 2：15,16；7：15－18,22,23.

52. 有关自卫，尤其是抵御暴力和伤害的讨论，参见 *Digest*，9.2, Ad Legem Aquilam, 4,5; C. Unde Vi, 1; *Digest*, 1.1, De Iustitia et Iure, 1; Zoanett, De Defens. Triplici, part 1。

53. 关于自我保全和个人财产的保护，参见 Ephesians 5：29; Colossians 2; Ben Sirah 14：4－10; 23：21; 30：26。

54. *Digest*，1.1, De Iustitia et Iure, 1.3; *The Institutes*, 1.2, De Iure Naturali, Gentium, et Civili, 1.2.

55. *Digest*，25.3, De Agnoscendis et alendis liberis vel parentibus vel patronis vel liberties.

56. Rom. 1：19－21; Zanchi De Lege Natura，1.10.

57. Matt. 22：36－40; Luke 10：27.

58. Matt. 7：2,12; Luke 12：14; Lev. 19：18; Rom. 2：13,21,22; 1 John 2：11; tit. quod quisque juris in al. arg. Isa. 58：7; 1 John 3：15; 4：20, 21.

59. *The Institutes*, de iust, et iure, 10,1; Rom. 12：9,17; 13：7,8; 1 Tim. 2：2; Matt. 22：17,21; Ex. 22：22－24; Mark 12：16,17; 1 Thess. 4：12; 5：22.

60. Rom. 7：15－23; 1 Cor. 2：10,11ff.; Jer. 17; John 3; 以及 Gen. 8。

61. Rom. 7：22,23,25ff.; Pss. 10：4; 36：2; Rom. 1：24,28; 1 Tim. 4：2.

62. Ulpian in l. 1 de adquir. rer. dom. l. 1. § 3. 4. l. 6de Iust et Iure. § 3. Instit. D. t. and tit. Instit. De iure nature. gent. et civil.

63. Cujac. In l. 1. § Huius. De just. and jure. and lib. 15. obs. c. 33.

64. per § 11. singulorum and seq. a § 41. vendita. Instit. de rer. divis. l. 31. deposit. Donell. lib. 1. com. c. 6. Eguin. Baro. Instit. De iure nature. Gent. et civil. 以及 Apostolus ad Rom. 1,2 and 1 Cor. 11：14 and 5：1,2。

65. l. 1 § ult. l. seq. l. 9. de iust et iur. L. naturals 10. de obligat and action. l. 65. § natura de solute. l. 31. l. 1. de adquir. Rer. Dom. l. 84. § 1. de reg. iur. § 11 以及 seqq. § 20, § 29, § 40, § 41. Instit. De. Rer. divis. Anton. Faber iurisprud. Tit. 2. illat. 4 and princ. 2,4.

66. 参见 l. pen. § 1. de in ineg. res. l. 1. de iust. 以及 iur. § Inst de iur. Nat. gent. et civilis. Rom. 2：14,15; 1 Cor. 5：1,2; 11：14. Siracid. c. 17. 7 以及 seqq. Ezech. 5：7。

67. 参见 1 Tim. c. 22; Rom. 2; 1 Cor. 11：14; 5：1,2; Tit. 2：12; Tob. 4。

68. Wesenb. In com. Inst. Tit. de iur. Nat. gent. et civili and in com. D. eod. Connan. lib. 1. com. c. 4. Vacon. A Vacun. lib. 1. declar c. 15. num. 3。参

见 Donell. Lib. T. com c. 6. 7 and Hotom. In § 4. Instit. D. t. Goveran. Varior. c. 20。

69. 例如，d. l. 1 de iust. et iure. § 1. Instit. De iur. Nat. gent. et civ. 1 Cor. 11：14；5：1,2；Rom. 2。

70. l. lex24. de stat. hom. l. 1. § ult. de. furt. l. probum. de verb. fig. § quos. autem. Inst. de bon. possess. l. 34. § 1. de contrah. empt. Cicer. lib 1. offic.

71. l. 1. § 1 si is qui test. liber. ess. iuss. l. 1. de minor. d. § 11. § 39. thesauros. § 40. per traditionem，Inst. de. rer. divis. l. 31. depos.

72. tit. Inst. De iure nat. gent. et civili. l. 1. de iust. et iure. Vide Connan. lib. 1 com. c. 6. Baron. In tit. Instit. De iur. Nature. Gent. Cujac in l. 1. § huius de iust. et iure.

73. § 1. ibi quod naturalis ratio. Inst. De iure. Nat. gent. et civiliL. 9. de iust. and iur.

74. l. 9. § 21. pen. de iust. 以及 iur. § 2 inst. De iur. Nat. gent. et civili. l. 25. l. 13 de legib. 1 Cor. c. 6：3,4。

75. 1 Thess. 4：11,12；Rom. 12：8；Eph. 6：6；Eccl. 9：10.

76. l. 1. de cont. empt. l. 1. de exerx. act. § 2. Inst. de iur. nat. gent et civili. l. 51. § 2. ubi Gothofr. ad L. Aquil. l. 5. de obl. and act. l. 17. § 2. de instit. act. l. 21. com. divid. l. 1. § 1. de his qui effuder. § 10. item Inst，de mandate，1, 1 de begit. ges.

77. § 2. Instit. de iure. nat. gent. See Don. lib. 1. com. c. 7 Pinell. in rub. c. de rescind. Vend. Par. 1. nu. 11 and ff.

78. Arg. d. l. 9. § 2 and d. § 2. l. 25. l. 13. de legib. 1 Cor. 6：3,4.

79. § 10 ubi Cujac. Inst. De. Mand l. 70 ad Treb. l. 95 § 7 de sol. l. 1 § 1. 2 de his qui deiecer effsud. l. 8. § 10 de minor l. 32. § 2. de adq. poss. l. 11. de prasc. verb. l. 44. § Eum qui de usucap l. 1. de in integ. rest. L. 1. § magistrum de exerc. Act. l. 1. naut. Caup. stab. l. 8. depos.

80. § 1 inst. De oblig. qua quas. es. cont. l. 5. de oblig. and act. l. 1. de neg. gest.

81. l. 41 de iur. Dot. l. 82 de solute. l. 31 depos.

82. l. pen. De. Iust. and iur. l. 66. de condict. Indeb. l. 6. § 2. de iur. dot. l. 32. de reb. cred.

83. d. l. 31

84. l. 4. de stat. hom § 1 Inst. De iure person. l. 4. de iust. et iure. l. 1 de adq. rer. dom. § singulorum 11 Inst. De rer divis.

85. l. 3. l. 1. l. 7 § 6 l. 9 § 3 de adquir. rer. dom § 25 § 39 § 40 per traditionem. Instit. De rer. Divis.
86. l. 5. de iust. et iure.
87. 参见 Donell. lib. 1. com. cap. 7. Connan lib. 1. con. c. 1 以及 2。

第二章　论个别的、主要的法律

（第一卷　第 14 章）

前一章讨论了普通法；接下来的一章将关注个别法（individual law）。

1. 什么是个别法——个别法（*Jus Proprium*）渊源于普通法，是因为利益（*Utilitas*）、需要（*Necessitas*）或者某个特定国家的其他情况而由统治者（magistrate）制定的法律。或者，它是这样的法律，统治者通过增加或删减普通法，合法地制定并且规制某个特定地方公民的未来活动，以实现国家显见的利益。[1]

个别法有组群和类别。

2. 个别法的组群——它包括两个组群：与普通法一致的个别法，与普通法矛盾的个别法。[2]

3. 与自然法的一致之处——它与自然法一致，并非在于它是整体地从普通法中推导出来，而是在于它是依据每种法律的相同逻辑，从每一条普通法涵括的主题、事物以及每一条普通法的正义目标中独自合理地推导出来。[3]

4. 与自然法的一致之处——因为个别法的这种普通法渊源，个别法准确地讲是在模仿普通法。[4] 因此，普通法是它的指导原则（*Regula*）和模型（*Exemplum*）。[5] 因此，它被认为是不可改变的。[6]

5. 它们自身的矛盾之处——在个别法适应特定情形的过程中，有时会偏离普通法,也就是说,会有所增加或者删减,此时,个别法是自相矛盾的。[7] 换言之,当自然普通法的某个方面并非事无巨细地全部得以保留之时,或者当它没有保持在其一般原则之内时,就会出现差异。相反,当这种法律将其本质和个别的影响应用于特定情形和环境之下时,它在某些场合下被迫相当程度地背离普通法,以符合普通法的原则、涵括的主题和目标。[8]

6. 它们自身的矛盾之处——此外,当普通法因为两个非常重要的原因被个别法削弱或者增强时,个别法就区别于普通法。在这两种情形下,存在着增加或者删减普通法的某种需要。[9]

7. 这些矛盾的原因——一个原因是立法者可以获得的信息量,该立法者出于更好的理由凭借更好的方法,将普通法适用于个别的情形。[10] 抑或,就是某人获得的信息,此人凭借其对所涉事务与情境的知识与理解,增加或者删减普通法,只要结果是或者能确保该个别法在渊源、主题和目标方面与普通法保持统一和一致。[11] 现在,因为逻辑推理是该成文法(Lex)和法律之母,而且因为这一推理能够凭借自身的后果增强力量,所以变化必然会发生。[12]

8. 这些矛盾的原因——另一个原因是个别法从中产生的、处于立法者权威与掌控之下的事务或者事物的条件、性质和状况,也就是说,所涉及的个人和情境的类型,以及之前出现或者相伴而来的状况。[13] 因为所有这些事物的条件和性质都是迥异、多样、矛盾且可变的,所以人们无法断言普通法在每一事物和情形下的应用(Dispositio)都是完全一样的。[14]

9. 这一法律为什么是可变的——因为两个原因,个别法是可变和不一致的。[15] 还有一种说法是,它不同于普通法,与之不一致。[16] 事实上,这种与普通法的一致和不一致是必要的。因为,如果它与普通法规定同样的事物,那么它就不能制定一种不同于普通法的法律;如果它的规定与普通法完全地并在每种制定方式上相反,它就不是法律了,而且它会使得普通法、自然法可变,而这是不可能发生的。

10. 例证——配偶之间的禁止赠与为这种个别法提供了例证。[17] 禁止向依然处于家父权之下的儿子借贷也提供了例证（*Mutuum dare filiofam*）。[18] 而对于两种情形，普通法都不予以禁止。[19] 因此，某种事物有可能因其渊源、主题和被认为亦符合市民（*Ius Civilis*）的目标而从普通法中生发出来。[20]

11. 个别法的类型——个别法有两种：成文的和不成文的。[21] 有人试图表明，成文化并非法律的本质要素。[22]

12. 什么是成文法——市民法是成文的，因为它是用书面的方式制定和颁布的。[23] 事实上，未被镌刻于人们内心的东西被写下来，人们因此能够从普通法的一般原则中得到特定的结论和律法，以适应环境和他们事务的性质和条件，并且记住它们。

13. 成文法何时生效及其类型——成文法自颁布之时起，在两个时间段内有充分的效力，[24] 除非它本质上包括一种先在的义务或者在颁布之前已经为公众所知晓，除非知晓即将颁布的法律会带来损害他人的诈欺，除非它评判了之前的事件（*Praeterita*），或者引入了豁免（*Privilegium*），或者包含无效的条款（*Clausula Irritans*）。[25]

成文法是主要或者附属的（principal or assessory, *Principale vel accessorium*）。

14. 个别的主要法律及其名称——主要法律是，其存在不因为与附属法律相抵触，尤其与执政官法（praetorian law）相抵触而需要依赖于附属法律的法律。[26] 有时这种法律被称为"emfalkwV"。[27] 人们对于以下这一点有不同的理解，即有时其他法律衍生自这种法律[28]：纯粹法（*Ius Merum*）、[29] 正式法（*Ius Solemne*）、[30] 简洁而彻底的法律（*Simpliciter & absolute ius*）、[31] 严格法（*Ius Strictum*）[32] 以及制定法（*Ius Constitutum*）。[33]

15. 主要法律的类型——主要法律包括两部分：由全体人民或者部分人民制定的法律，[34] 而且它分布于不同的地方，因为它要么是通过同意制定,正如成文法(Lex)或者民众裁定(Plebiscitum),要么是在紧急情况之下制定,正如元老院决议(a decision of senate, Senatusconsultum)。[35]

16. **什么是成文法**——由全体罗马人民制定的法律是成文法(Statute, Lex);即当一位元老院成员提出正式请求,就像元老院决议(Senatusconsultum)那样,统计当时人民的投票之后,由罗马人民在民众大会上制定的法律。[36] 在其他作者那里,**成文法**(statute, Lex)这一术语有不同的理解。[37]

法律(law)由部分罗马人民出于需要而制定。[38]

如果是由很多人制定,它就是民众裁定(popular decree, Plebiscitum)或者元老院决议(Senatusconsultum)。

17. **什么是民众裁定**——民众裁定是由罗马的平民执政官,比如保民官(plebian tribune),以领导人的身份提出正式的请求,由罗马的平民阶层(Plebs)在部族集会中通过自己投票制定的法律。[39] 这种法律后来被《霍滕西亚法》(the hortensian law)适用于全体人民,[40] 并被称为成文法。[41]

18. **什么是元老院决议**(Senatusconsultum)——元老院决议是元老院自己讨论投票或者多数意见议决而制定的法律。[42] 后来,它涵盖了皇帝干预制定的决议。[43]《民法大全》(The Juris Civilis)宣称这种法律已经确立其必要性。[44]

19. **皇帝制定的法律**(Princeps)**及其名称**——由一个人制定的、主要和纯粹的市民法,[45] 是皇帝在大臣咨询时[46] 通过回信,以书面或在申请者备忘录上签字的方式制定和回应的法律。[47] 它还包括有可能成为统治者的人将会阅读的那些信件,[48] 皇帝签署的命令,[49] 确认问题之后的裁决、[50] 告示中的预见[51] 或者在元老院有关即将制定的法律的发言,以及在元老院判决记录中的发言。[52] 因为这个原因,它被称为发布于法律询问(legal inquiries)中的皇帝裁决(Sententia Imperials)、[53] 命令

（Mandatum）、皇帝的宪法（an imperial constitution，*Placitum Principis*）、[54] 皇帝的书面答复（*Rescriptum*）、裁决（*Decretum*）、告示（*Edictum*）、宪法（*Constitutio*）、皇帝制定的法律（*Sanctio Pragmatica Principis*）、[55] 虔诚的皇帝的书面答复（*Sacrum Rescriptum*）、[56] 皇帝的声明（*Oraculum Principis*）、[57] 神圣的制裁（*Divina Sanctio*）、[58] 最为神圣的宪法（*Sanctissima Constitutio*）、命令（*Iussio*）、最为神圣的成文法（*Sacratissima Lex*），[59] 以及其他。元老院的决议是当元老院的裁判和建议被采用时制定的法律。[60]

关于这种法律，如果出现任何不确定之处，就要请示皇帝。[61] 经常出现的情形是，这种法律区别于其他类型的市民法。[62] 它与成文法有类似之处。[63] 一项裁决只有在个人或者其他情形的限定之下做出时，才能说是恰当地形成。[64] 一项告示则是不用这些事物就已经制定的法律。[65]

20. 犹太人统治时期长老们的投票权与职责——有关犹太人统治时期长老们的投票，参见《撒母耳记下》第5章3节；《士师记》第20章；《路加福音》第22章66节；《民数记》第11章16节；《申命记》第21章2节、19节、20节，第13章5节；《列王纪上》第7章；《历代志下》第1章；《约书亚记》第23章；《马太福音》第15章2节，第16章21节，第26章3节、47—57节。[66] 以皇帝的告示为例，参见《路加福音》第2章1节；《但以理书》第2章12节，第3章5节，第6章9节、26节；《创世纪》第12章20节；《出埃及记》第1章15—16节；《列王纪上》第12章26—28节；《历代志下》第15章17节；《以斯帖记》第1章19节，第3章13节、15节，第8章13节。[67] 睿智的长老们甚至常常在立法过程中辅助国王，参见《历代志上》第13章1—2节，第38章1—2节；《历代志下》第20章20节；《民数记》第30章1节；《申命记》第5章29—30节，第39章1节；《历代志上》第28章1节、2节；《历代志下》第5章2节、3节；《诗篇》第121章；《以赛亚书》第3章15—16节；《约书亚记》第9章15节；《耶利米书》第36章14节以后，第37章14节以后。[68]

注释：

1. l. 1. l. 2 de constit. Princ. § lex. and ff. Inst，de iure nat. gent. et civil. l. 6. de iust. et iure. l. 23. l. 16. l. 25. de legib. Vide Johan. Rosin. lib. 8. antiquity. c. 2. 3 and lib. 6. c. 9. 10. 11. Mcnoch. lib. 2. arb. Cas. 185. Connan lib. 1. com. cap. 9.

2. Arg. l. 6. de iust. et iure.

3. d. l. 6. l. 9. de iustit. et iure. l. 2. ex quibus caus. maior. Calvin. lib. 4. Instit. c. 20. sect. 16. Iunius de politia：Mos. Observant.

4. l. 1. ibi naturalem aequitatem secutus de minorib. l. 1. de part. l. 1. de constit. pecun. l. 7 de integr. rest § minorem. 4. Inst. de adopt. Zanchius de legib. human. thes. 6. c. 10. de redempt. opera. Petr. Martyr. Gen. c. 2. 2.

5. Franc. Jun. de polit. Mos. Observ. Zanch. d. c. 10. thes. 1. de lege natura.

6. § pen. Inst. de iur. Nat. gent. et civil. l. pen de iust. et iure. Zanchius de locis.

7. l. 6. de iust. et iure. l. 16. de legib.

8. Jun. and Zanch d. locis. Dd. In l. 6. de iust. et iure.

9. D. l. 6 de iust. et iure. l. 2. de const. princ. Calvin，lib. 4. Inst. c. 20 sect. 16.

10. l. 26. l. 27 and ff. de legib. Franc. Jun. de polit. Mos. Observat.

11. d. l. 6 and 7. de in integr. Rest. l. 1. ex quib. Caus. Major. l. 1. ad SC Macedon. l. 1. de donas. Inter vir. and uxor.

12. Jun and Zanch，d. loc.

13. l. 16 de poen. § fin. Instit. de iure nat. gent.

14. l. 11. l. 16 de poen. l. 8. de transact. l. 2. 3. 4. ubi pupil. Educar.

15. § Pen. Institut. De iur. Nat. gent. et civili. l. 26. and seqq. De legibus.

16. l. 16 de legib. § 2. Instit. De iure nat. gent. et civili. § Pan d. t.

17. tit. de donat. inter vir and uxor.

18. l. 1. nad tit. tot ad SC. Macedon.

19. l. in re. c. mandat.

20. § Inst. De tutel. § Pen. Inst. De Attil. Tut. Tit. Instit. De pat. Potest. § 4. Instit. De adopt.

21. § 3. Institut. de iur. nat. gent. et civil. l. 32. l. 33. de legib.

22. ex l. 6. de iustit. et iure. l. 2. § ex his. de orig. iur. l. 32. and seqq. de legibus. See also Connan. lib. 1. com. cap. 7. num. 5. Donell. Libr. 1. com. c. 13. Wesenb. in com. tit. de legib. Anton. Fab. Iurisprud. tit. 2. princip. 6.

23. 1. 10. 1. 36. ubi Bartol. de legib. l. 8. c. d. t. Baro in § Lex Inst. de iust. et iur. Guid. Pap. Decis. 91. num. donell. libr. 1. com. cap. 3. Connan. d. loc. c. 8. and Deut. 31：25,26；17：19；Josh. 8：32；2 Chron. 33：16；34：8,33；cap ult：22,23；1 Esd. 1：1,2；6：11；7：13,21；Est. 1：19；Ps. 149：9,10 ubi Jun. per Deut. 12：32；29；4：6 seqq.

24. Novell. 66. vide Monoch. Libr. 2. arb. Cas. 185. Gabriel. Tit. De legib. Concl. 4. lib. 6. Duaren. Tit. De iustit. and iure c. 2. c. 4. Connan. Lib. 1. com. c. 9. num. 8.

25. Menoch. d. cas. 185. Gabriel. d. Conclus. 4 and 3.

26. § 1. tit. Inst. de oblig. l. 1. § Ult. l. 3. § 12 de const. pecun. § sed ista. Inst. de action. l. scio. 14. de testib. l. 20 § 7 qui test. Fac. Poss. l. 27. de reg. iur. § 1. Inst. de perpet. 以及 temp. act. l. 1. de pact. Donell. In § sed ista. 以及 in § actiones. num. 7. Instit. de act。

27. l. 1. § fin. de supersic. l. 1. § 5. quod fals. tut. l. 1. quib. mod. ususfr. amitt. l. 9. § 1. usufr. quemad. cav. § actiones 10. § sed ista. Instit. de act. l. 27. de reg. iur. § 2. Instit. de bon. poss. l. 8. de reb. eor. qui sub totel. l. 1. de curat. fur. l. 27 § 2. de pact. l. 4. de compens. late. Brisson. lib. 9. de verb. sign. 以及 lib. 3 de solute. Cujac. ad Paul. lib. 3. sent. tit. 6. § 17 and ad Ulpian tit. 26。

28. Tiraquell. in l. si unquam verb. revertatur 20 以及 seqq. c. de revoc. Donat。

29. l. 4. § 27 ubi Cujac. de usucap. l. 32 in fine. D. tit. l. 16. de minor. l. 36 de admin. Tut. Cujac libr. 8. obsc. c. 16.

30. l. 27. de reg. iur.

31. l. 1. quib. mod. ususfr. amitt. l. 9. § 1 usufr. quem. cav. l. 60. de fideiuss.

32. l. pen. 30. de constit. pecun. See Duar. in l. 5. nu. 14 de in lit. iurand.

33. l. 27. de pact. l. Nesennius 34. de negot. gest. l. 6. de in integr. rest. l. adultery. Ad L. Iul. de adult. l. in heredem. de calum. l. 48 in sine de iure. Fisci. Brisson. lib. 3. de solute. tit. 1 and lib. 9. de verb. signif. in voce. ius 以及 Fab. l. iurispr. passim。

34. l. 2 § 10. 11. § De origin. Iur. l. 32. § 1 de legib.

35. l. pen. de legib. § Senatusconsultum. Inst. de iur. nat. gent. et civ. 1, 2 de orig. iur. Cujac. libr. 14. obs. c. 16. Gell. lib. 10. cap. 10. Alexand. ab

Alexand. lib. 6. gen. dier. c. 23.

36. Johan. Rosin. In antiq Roman. lib. 8 cap. 2,3，以及 lib. 6. c. 9,10,14. arg. § 4. Inst. De iure nature. Gent. et civili ubi Theophil. l. 1. fam. Hercisc。

37. tit. De legib. l. 9. C de donat. Tit. de L. Commissor.

38. l. 2. § 10. 11. de orig. iur. 由很多人或者一个人制定，l. 2. § 11. de orig. iur。

39. § 4. Instit. de iure nat. gent. et civ. l. 1 ad L. Aquil. l. 2. § 8. 9. de origin. iur. l. 238. de verborum signif adde 1 Sam. 8；Judic. 11；John 9：15ff.；2 Macchab 10：8.

40. l. 2. § 8. de orig jur. Contius lib. 2. c. 18 subsecivar. Alex. Ab Alex. Lib. 15. c. 26.

41. l. 1 ad l. Aquil. l. 1. ad L. Falcid. D. l. 2 § 8.

42. l. 9. de legib. § 5. Instit de iur，nat. gent. et civil l. 2. ad SC. Vellej. Tit. Instit. De SC. Tertyl. Tit. De SC. Orphit. Tit. Ad SC Trebell. Rosin. Libr. 7 cap 7. antiq. Rom. Cujac. Lib. 14 observ. C. 16.

43. l. 1. de reb. Eor. Qui sub tutel. Duaren. De iust. et iur. cap. 3. Alex ab Alexand. Libr. 4. cap. 11. gen. dier. Gell. Libr. 4. cap. 7.

44. l. pen de legib. l. 2. § 9. ubi Cujac. De origin. Iur.

45. l. 2. § 11. de orig. iur.

46. l. 2. Instit. de his qui sunt sui，vel alien. Iur.

47. l. 1. de const. princ. l. 3. § Divus. de sepul. Viol. l. 13. de reb. Eor. l. ult. in fine. de office. procure. Casar. l. 31. § 14. de recept. arb. l. 5. de magist. conven. Est. 8：8ff.；Dan. 6：15.

48. l. 1. in fin. de. off. quest.

49. l. rescriptum. de distract. pign. vid. epigraphen l. 1. de office. pras. prator. Brisson. lib. 3. selector. c. 7.

50. l. pen de his qua in testam. del. d. l. 31. § 14.

51. § 6. Instit. de iur. nat. gent. et civil. ubi Theophil. tit. de constit. princip. Duaren lib. 2. disp. c. 19，Govean libr. 2. var. c. 30.

52. l. 1. l. 2. de seriis. l. 2. de serv. fugit. l. cum his de donat. inter vir and uxor. l. 1. § 1 ne de stat. defunct. l. 1. de reb. eor. qui sub. l. item veniunt. § prater. l. illud. l. si and rem. de petit. hered. l. 1. c. d. t. l. s. de transact. l. 2. c. de curat. Fur. l. 9 ad SC. Tertyll. l. 16. de sponsal. Brisson. lib. 1. c. 16 select.

53. vid. l. ult. ad SC Trebell. epigraphen l. 11. de iure. Patron. l. 81. ubi Gothofred. ad SC. Trebell. Cujac. lib. 2. obs. C. 28.

54. tit. c. de mandate. princ. l. 3. l. 19. de office. prasid. § 6. Instit. de iur. nat. gent.

55. l. 11. de legib. tit. de constit. princ. l. 33. de adm. tut. l. 19. § pen. locat. l. pen. § 1. de iure patron. tit. c. de divers. rescript. and pragm. sanct. l. 1. ex quib. caus. major. l. ult. c. de prox. sacri scrin.

56. l. 1. Cod. de monopol.

57. § illud 11. Inst. de adopt. l. oen. c. de. haret. 以及 Manich. l. 11. c. de vect. and commiss。

58. l. ult. c. de. hared. 以及 Manich。

59. l. 7. c. de pagan. l. 5 § 5 de adm. tut. l. leges. c. de legib.

60. l. 8. de transact. l. eleganter. § 1 de condict. Indeb.

61. l. 97. de leg. 3. l. ult. De iur. fisc. l. 16. de rit. nupt. l. 20. § item. de petit. hered. l. 1. l. 2. de fer. Cujac. in l. s. de transact.

62. l. 4. § contra. de dol. mal and met. except. l. 33. de cond. 以及 demonst. Cujac. lib. 7. obs. c. 19。

63. § 2. Inst. de bon. poss. l. 8. de legib. § sed 以及 quod. Inst. de iur. nat. gent. vid. l. 8. c. de legib。

64. Cujac. In parat. C. de divers. Rescript. 以及 prag. Sanct。

65. l. 8. de quastio. l. 13. de iure fisci. Theophil. in § sed 以及 quod Instit. de iure nat. gent. et civili。

66. 2 Samuel 5：3；Judic. 20(对照主题,此处似应为"Judges 20"。——中译者注)；Luke 22：66；Numbers 11：16；Deuteronomy 21：2,19,20；13：5；1 Kings 7；2 Chronicles 1；Joshua 23；Matthew 15：2；16：21；以及 26：3,47 - 57。

67. Luke 2：1；Daniel 2：12；3：5；6：9,26；Genesis 12：20；Exodus 1：15,16；1 Kings 12：26,27,28；2 Chronicles 15：17；以及 Esther 1：19；3：13,15；8：13。

68. 1 Chronicles 13：1,2；38：1,2；2 Chronicles 20：20；Numbers 30：1；Deuteronomy 5：29,30；39：1；1 Chronicles 28：1,2；2 Chronicles 5：2,3；Psalm 121；Esa. 3：15,16；Joshua 9：15；Jeremiah 36：14ff.；37：14ff. 有关这一部分,参考如下资料：*Digest*, de iust. et iur；de orig iur；de legib；de constit princ. , and the Codex de divers rescript and pragm. Sanct. De legib, 以及 de mandate. Princ。

第三章　论一般公权力

（第一卷　第32章）

我已经讨论了私权力及其管辖范围。现在我将转向公权力,参见上文 27.4。

1. **什么是公权力**——公权力是由一个联合体授予某人的权力,[1] 该权力与领地(territory, *Territorium*)一起授予,目的在于照顾和管理该联合体的商业、事务和人们。[2]

2. **什么是领地**——一般而言,领地是城市权限和权威管辖范围内的地区和所有土地(*Universitas agrorum*)。[3] 这被称为一个教区或者地区。[4]

这种公权力是普遍的、高贵的、最高的或是有限的和特定的。

3. **一般公权力**——最高或者普遍的权力是由一个普遍的联合体(*Consociatio Universalis*)[5] 授予某个人,该联合体的领地属于一个普遍的王国,[6] 因此依照十诫[7]和王国[8]的规定(*Leges*),这个人可以为联合体自身的利益[9]管理其法律和事务,他因此可以监督和管理它们的运作。[10]

4. **它的各种称谓**——它被称为最高的事物(*Summa Rerum*)、神圣皇帝(*Sacrum Imperium*)、完美法(*Ius Sublime*)、[11] 陛下(*Majestas*)、[12] 绝对权力(*Potestas Absolute*)、[13] 大人(eminence, *Eminentia*)、[14] 万民之主(lordship over the people, *Dominatio in Populum*)、[15] 最高的皇帝(*Imperium Summum*)[16] 和责任(burden, *Onus*)。[17] 此外,还包括隶属于

低级统治者的臣民和隶属于保护人的高级统治者。[18] 事实上，教会法学家尤利安(Julian)就公权力以"*On the Office of Quaestor*"为名撰写了多卷著作。

5. **王国的法律与事务**——王国、国家或者普遍联合体的法律和事务是出于利益(*Usus*)和需要(*Necessitas*)制定的，普遍适用于其每个成员。出于这个原因，为普遍联合体所拥有的东西，被国家机构管理的东西，以及最高统治者所承担的职责[19] 都被称为皇室之物(*Regalia*)。

最高统治者这种普遍的管理就是公共事务(*Negotia*)或者公共之物(*Res*)。

对国家公共事务一般和普遍的管理，要么是教会的，要么是世俗的。

6. **何种教会管理**——教会管理就是管理教会的公共事务，即任何属于十诫第一表的事务：也就是说，敬拜神，纯粹正统信仰与公共职业的原则，被引入和制定，且为了任何按上帝话语的命令祈求的人，对这一原则的践行和最自如的享受被允许、捍卫、保护并传给后代。我在《政治方法汇纂》第9和28章深入论述了这一点。

7. **什么是市民管理**——市民或者世俗管理是管理公共事务，即任何属于享受这种(因此是世俗的)生活和第二表的事务；这种管理受到统治者出于臣民的利益和国家的福祉进行的监督。[20]

这种市民管理部分致力于维护共同社会中的外部行为(*Disciplina*)，部分致力于维护社会生活的优点。

8. **有关外在规范管理的主题**——下述权力致力于维护外在行为：(1)立法权；(2)惩罚权；(3)维护公共安全的权力；以及(4)宣战、交战以及确立和平的权力。

我在《政治方法汇纂》中对这些问题有大量讨论，罗森塔尔(Rosenthal)在1.5 de feud. 和 Dd. qua sunt regal. 中也有讨论。

9. **有关普遍善管理的主题**——关于社会普遍善的管理是促进和保护生活在该国的公民和成员的社会生活的手段。这种管理包括如下部分：(1)管理商业；(2)管理货币；(3)管理语言；(4)分配职责与责任（*Munera et Officia*）；(5)给予例外与豁免（*Privilegium et Immunitas*）；(6)结盟（*Confederatio*）；(7)上诉终审。

上述每件事情都不涉及习俗、宪法或者皇帝（*ouj nomivan ouj taxivan ouj tajrceian*）。[21]

10. 什么是公共事务管理——公共事务管理是最高统治者依据国家的福祉管理国家事务的手段，该统治者经常被比喻成监护人或守护者。[22]

11. 什么是国家利益（good）——属于一个普遍联合体或者国家的东西是为了享有而确立其所有权的东西。[23] 如果这些所有物不可移动，它们就被称为国王、王国或者国家的财产。[24]

12. 这种利益的类型——这种东西包括贡品（*Tributa*）、捐赠（*Contributiones*）、租金（*Vectigalia*）、土地使用税（*Stipendia*）、公共所有物（*Bona Publica*）、罚款（*Mulctae*）、没收的财产（*Bona Confiscata*）、无主遗产（*Caduca*）、武器（*Arma*）、公共档案（*Archivum*）、国库（*Bona Fiscalia*）、农田（*Agri*）、地产（*Praedia*）、税收（*Reditus*）、村庄（*Pagi*）、城镇（*Oppida*）、城市（*Urbes*）、行政区（*Regiones*）、王室法庭（*Commitatus*）、公爵（*Ducatus*）、侯爵（*Marchionatus*）、主教（*Episcopatus*）、男爵（*Baronatus*）和城堡（*Castra*）。[25] 还包括王室道路（*Viae Regiae*）、公共道路（*Publicae*）、码头（*Portus Maris*）、防御工事（*Propugnacula*）以及很多其他的东西。[26]

13. 这些事物的管理——公共物品的管理可以是为国家的利益，条件是最高统治者为了履行自己的职责，以及为了国家必要和有益的用途而利用和消耗那些物品。

14. 公共分配和支出的目的——由于这个原因，消耗和花费公共物品的必要性包含两个层面：一是，供养最高统治者；二是，维护公共事务的管理，因为它负责成本和花费，以此提高国家收益，转移和阻止损耗和支出。[27] 如果国库有结余，一定是为了未来之需而贮藏和保存的东西。[28]

15. 针对私人事务的公共管理——还有一种公共管理涉及的是私人公民和臣民的事务与特征，通过这种管理，最高统治者凭借他的谨慎、预见和治理术，维护与捍卫臣民的人身与财产免受暴力和伤害，同时他进行指引和管理，以引导国家共生的政治生活，避免其危害和促进其福祉。

16. 什么是臣民的财产——臣民的物品和所有物是(1)生命和人身安全，(2)声望和好的名誉，以及(3)外在的可移动和不可移动的财产。

针对这些所有物，可以构想和实施各种阴谋和伤害，统治者应该尽其所能阻止它们，就好像他是它们的监护人或者守卫者。尤其是，事实上，他会限制和除掉那些流浪者（*Errones*）、巫师（*Magici*）、乞丐（*Agyrta*）、暴徒（*Fortiarii*）、赌徒（*Aleator*）、杂耍的人（*Lusor*）、演员（*Scenicos*）、哑剧演员（*Mimus*）、喜剧演员（*Comoedus*）、皮条客（*Lupanarius*）、放高利贷者（*Usurarius*）、小贩（*Caupo*）以及其他邪恶与有害欲望的始作俑者，这些人用非法方式欺骗和抢劫臣民，剥夺他们的财物，损害他们的名誉和良善品格。他还会除掉土匪（*Latro*）、响马（*Grassator*）、抢劫犯（*Insidiator*）、盗贼（*Fur*）和劫匪（*Depopulator*），这些人侵害臣民的身体、生命或者财物。他会为挥霍者和败家子设置监护人。他会为应对未来的火灾和洪水储备物资。最后，他处理和规定统治者要做的任何其他事情，以捍卫和保护臣民的财产。[29]

17. 什么事情能引起个人和臣民的公共关注——他有责任照顾个体，以便臣民们可能为了国家的福祉在公立学校和机构接受教育和指导，没有人会失业（*Otiosus*），社会的不同部分和国家的不同成员之间的和谐得以维护，司法可以严肃和真诚，恶习和奢侈浪费可以得到根除和遏制，罪行将受到惩罚。[30]

18. 对穷人的关切——最重要的是，他有责任照顾那些需要怜悯的人，诸如盲人、哑巴、聋人、疯子、孤儿、老人、穷人、麻风病人以及类似的人，他要为这些人的生存设立一笔岁入，修建避难医院（guest-hospitals）、诊所、医院、孤儿院、穷人医院以及养老院。[31]

19. 对于良好监督的关切和公权力的类型——最后，他要制定法规，以便他的臣民不受暴政、重税和奴役的压迫与剥削。[32]

接下来，有关这种公权力的类型，有两种：君主制和多头制（polyarchy）。

20. 什么是君主权力——君主的权力是赋予一个人的权力。这种权力必须在好公民的帮助下得到强化，由此权力分散在很多人手中的国家才可能不四分五裂。最后，公民大会的权威必须得到加强，由此君主的法定权力才可能不转化成为暴政。[33]

多头制的权力随着分散在多人中间的权威而变化，类似于共享的法律（*Ius Communicata*）。相应地，它包括贵族制和民主制。

21. 什么是贵族权力——贵族制是最高公权力被联合且不可分割地赋予一些共事的人。因此，贵族政体不可能退化为君主制或者民主制，它必须通过特别立法加强。

22. 什么是民主制——民主制是权力被赋予民众中的每个个体，该个人通过替换、轮流或者继承，某些时候由一个普遍的公民同胞团体为特定的情形选出，以便他们可以通过会议、聚会（company，*Centuriatim*）或者族群（tribe）来管理国家。因此，这种民主制不可能退化成为君主制或者贵族制，它必须通过某种特殊立法加强。[34]

注释：

1. Covarru. Pract. quaest. c. 1. n. 2. 3. 4. c. 4. 3. Vosquius illust. quast. lib. 1. c. 8. c. 18. c. 1. c. 2. Deut. 17：14ff. , Judg. 8：2,23；9：6；11：2,10ff.；1 Sam. 8：1；de constitute. princip l. 2. § 33 de orig. iur.

2. Arg. l. 13. l. 19. l. 6. l. 9. l. 11. l. 12. de office. prasidis. Rom. 13：4ff. ；Ex. 18：17,22；Deut. 1：4,12；Num. 11：17,18. l. 2. § 33. de orig. jur. Novell. 60. cap. 2 and Novell. 85, *Polit*. cap. 18ff.

3. l. 239. § pupillus § territorium. de verb. sign. l. ult. de iursd.

4. Hieron. de monte. finium reg. c. 7. c. 12.

5. 瓦斯奎斯（Vasquius）证明了，这种公权力包含建立和治理（*Ius Constituendi*

atque Ordinandi.）一个国家的权利（Vasquius 1. 47）。这一点巴特（Bart）等人在 l. omnes de iustit. et iur 中继续探讨。我也在《政治方法汇纂》第 9 章第 18 节中讨论过这一观点。根据所有权和支配的逻辑，这一权威掌握在国家手中（Molynaus in consuetud. Parisiens tit. 1. § 1. glss. 7. n. 9. Peregrinus lib. 1. § hactenus. n. 71. 74. de iure fisci. Paurmeist. de iurisd. lib. 1. c. 1. num. 19 and 42. Vasquius lib. 1. in prafat. illust. Covarru. pract. quast. c. 4. 参见《政治方法汇纂》第 9 章中我对这一观点的探讨）。

6. 有关这种普遍的领地，包括它下面其他个别领地或者地区，参见 Decian. consil. 123. n. 17 and seqq. vol. 3. Andr. Knichen de sublimi and regi. territroio, per tot. Zaf. consil. 16. n. 46. vol. 2. Matth. Stephani de iuris. lib. 2. part. 1. c. 7. num. 3. 4. 5。

7. Deut. 17：20,21；Josh. 1：8；1 Sam. 10：25；2 Kings 11：12；23：2,3；Dan. 6：9,16；Est. 8：8, l. digna vox. C. de legib. Novell. 105. c. 2. l. filius 15 de cond. instit. 参见我在《政治方法汇纂》第 18、21、24 章对这件事的讨论。

8. Deut. 17：15,16. 我在《政治方法汇纂》第 19 章也有讨论。

9. Ezek. 3：4；Jer. 22：3 以及 ff.；Pss. 82：1,2,3,4 以及 72：1,2；and seqq. Novell. 85. 我在《政治方法汇纂》第 18、19、24 章中对这一点有大量讨论。因此，君主并没有绝对和完整的权力（Covarruv. lib. 3. var. resol. c. 6. n. 8. Pinell. in l. 2. c. 2. rub. C. de rescind. vend. Vasq. lib. 1. illust. quast. cap. 26. num. 22. Pruckman de regalib. § soluta potestas. c. 3. Faber iurisprud. tit. 2. consut. 2. and illat. 2）。这一点我在《政治方法汇纂》第 18、19 和 24 章中也有大量讨论。

10. 我在《政治方法汇纂》第 1 章讨论了这一点。它意味着统治、指导、治理和命令。

11. Clapmar de arcan. Rerumpub. lib. 1. c. 10. Bornicius de majest. politica cap. 13.

12. tit. ad L. Jul. majest。有关这一词汇的大量讨论参见 Bornicius d. loc. c. 1. 以及 plerique lexicographi。

13. l. i. de const. princip. Luke 4：6；Joahn. 19：11；Rom. 53：1,2,3.

14. 1 Tim. 2：2；Juda 1：8.

15. Judic. 5：13；8：22,23 以及 9：2；15：11；14：5；1 Chron. 4：22；Pss. 105：20,21；以及 106：41；Esa. 3：13.（其中，"Judic."似为《士师记》[Judges]，"Pss."似为《诗篇》[Psalms]——中译者注）

16. d. l. 1. l. 2. § 14,15, 以及 seqq. de orig. iur. l 23. de iniur. l 7. § 1. de capt. 以及 post lim. revers. Col. 1：16；2：10；Eph. 5：21 以及 seqq。

17. Ex. 18：18,23；Deut. 1：12,13；1 Kings 9：19；Num. 11：16,17,18.

18. Zoannet. de Imp. Roman. num. 178 and seqq。我在《政治方法汇纂》第 8 章也讨论了这一问题。

19. Covarru，Pract. Quast. 1. 2 - 4；4. 3；*Digest*，De Constit. Princ. 1；*Politica* 19 也有讨论；Deut. 17：14 - 15ff。

20. Rom. 13；1 Peter 2；1 Sam. 12：5,6；chaps. 10ff. 以及 29ff. of *Politica*。

21. 参见第 81 章；*Politica* and Dd in c. unico qua sunt regalia。

22. *Politica* 18 以及 37。

23. Ezek. 45,46；Choppinus 1. 1 de doman regis；*Digest*，3 ult. de iur. fisci. l. cum servus. § Constat. De legat. 1.

24. Choppinus. D. loco；还可以参见上述第 21 和 29 章以下。

25. Choppinus 1. 2 以及 5，de doman. reg。

26. *Politica* 17 以及 37 以及前文第 21 章。

27. *Politica* 27.

28. D. cap. 27.

29. d. cap. 37.

30. l. 13. de office. Praesid

31. *Politica* 37.

32. *Politica* 38.

33. Osor. De Reg. Instit. 8.

34. *Politica* 39. 有关本章材料更多的信息，参见 Dd. in c. unic. quae sunt regal tit. de constit. princip. tit. ad L. Jul. majest. tit. de adminst. rer. Ad civit. pertin。

第四章 论有限公权力

（第一卷 第 33 章）

我已经讨论了最高或者普遍的公权力。现在我将开始转向有限或特别的公权力。

1. **什么是有限公权力**——有限、特别或者下位的公权力是指权力被合法地赋予一个特别的、幅员有限且受到管控的领地，该权力以最高权力的名义履行职责，承认最高权力的优势地位且对最高权力负责。[1]

相应地，这种有限的公权力要么是行省的（provincial，*Provincialis*），要么是法定的（official，*Officialis*）。

2. **什么是行省的权力**——行省的权力是行省总督（*Praeses*）在其本省领地范围内凭借其自身的法律权威而实施的权力。

3. **什么是行省**——行省（*Provincia*）是这样的：在它的领地范围内包含很多村庄、城镇、城堡或者城市，这些单位从属于一个法律权威（*Ius*）的社区和管辖之下，团结一致且联系密切。它也被称为一个行政区（region，*Regio*）或者地区（district，*Districtus*）。[2] 如今，任何一个拥有明确独立政府（*Regimen*）与领地的城市都被称作一个行省。[3]

4. **行省总督权限的过去和现在**——行省总督一度管辖和统治一个或者更多个行省。[4] 此外，其权力和职位是临时的。然而，在查理曼大帝（Charlemagne）时期，总督成为永久和世袭的职位，而且其管辖范围也成为世袭的。[5] 如今，日耳曼国家的这些总督包括两种类型：一些直接隶属于皇帝，就像邦国那样；其他的间接隶属于皇帝。[6]

5. 如今管辖很多行省的总督是什么——管辖很多行省的总督被称为君主（prince，*Princeps*）、公爵（*Dux*）、侯爵（*Marchio*）或者伯爵（landgrave，*Landgravius*）。[7]

6. 行省总督有什么权力——在其行省的疆域内，总督享有充分的权限和权力，他还行使被称为王权（*Regalia*）的权力。[8]

7. 什么权力保留给最高统治者——总督的权力不包括以下保留给最高统治者的权力：

在王国每个行省中的高位阶的、卓越的和普遍的管辖权。[9]

颁布通行于整个王国和每个行省的普遍立法的权力。

召集集会和咨议会（councils）的权力。*

宣布战争与和平的权力。

创办全民学校和学院的权力。

赐封亲王、公爵、侯爵、伯爵（counts）、男爵、贵族、公证人的权力以及剥夺上述封号的权力（*Regalia*）。

分配公有地租金的权力（*Vectigal*）。

准许传统的年度交易日的权力。

设立邮政服务机构的权力。

授予公民身份的权力。

认可和恢复出身的权力。

恢复名誉和荣誉的权力。

授予成年特权的权力（*Veniam Aetatis*）。[10]

授予豁免权和特权的权力。

---

* 此处英文为"right"，根据上下文译为"权力"，以下列举项均做相同处理。——中译者注

维护公共安全的权力。

铸币的权力。

终审上诉和移送法庭案件的权力。

裁判公爵、伯爵以及其他权贵之间争端的权力。

发布一般禁令和剥夺权利的权力。

上述每种权力都要保留给最高统治者，不能分享或流转成为总督的权力。它们不可以被总督侵占或者行使。[11] 我将检查和强制的权力加入这一清单中，这一权力由最高统治者在行省总督之上行使。[12]

8. 行省总督拥有什么权限——这种行省的总督可以获得管辖权（Iurisdictio）的收益（Ususfructus），拥有命令权（Imperium），可以为自己使用（Usus）权力，可以充分行使（Exercitium）权力，并有一定程度的自由管理权。[13] 虽然他不能将这种收益转让给另一个人，也不能放弃这种权力，[14] 然而，只要保有收回这一权力的权力，[15] 他就能让另一个人来行使这种命令权。[16] 但是，他并非永久和充分地拥有这一权限。因此，当这一权力的收益终结后，它将被返还给赐予这种权力的最高统治者，与统治者保留的命令权合并在一起。[17] 由于这个原因，人们常说所有权限来自于最高统治者，又流回到他那里。

9. 什么是有限的权力——这一权力和命令的行使在如下情况下是适宜的：符合最高统治者的意志（Voluntas）和指示（Praescriptum）时，[18] 在这一权力授权指令的范围之内时，[19] 其运作能确保向最高统治者负责时。[20]

10. 什么是法定权力——法定公权力是授予没有领地权的人的权力，目的在于完成身居公共职位必须要做的事情。[21]

法定公权力包括两部分：真正的公权力或带有某种限制的公权力。

11. 什么是法定公权力——真正的法定公权力是出于在他国领地内有管辖权或者自身有控制权（command）的政治职位或者行政权

（magistracy）[22] 的原因，而授予个人及其案件和事务的权力，[23] 它在字面上被称为行政权。[24]

12. 权力的定义及其类型——控制权（*Imperium*）是调查（*Cognoscendi*）、执行（*Statuendi*）、命令（*Iubendi*）和惩罚（*Puniendi*）的权力；[25] 它也被称为管辖权。[26]

这种控制权是混合或者纯粹的；[27] 每一种都被称为管辖权。[28]

13. 什么是混合权力——混合控制权是统治者拥有的如下权力：调查有关某事务的诉讼，根据正义和美德，并根据其拥有的行政权规定的方式和正义观念制定政策。[29]

14. 它的称谓和组成部分——在其他场合，它不是被称为纯粹的控制权，[30] 而是被称为天生的权力（*Potestas Ingenita*）、固有的权力（*Innata*），或与行政权交织的权力，或者类似的权力。[31] 出于这个原因，它开始被称为混合权力，换句话说，因为它不仅像纯粹控制权那样简单和独立，而且还通过公共禁令混合或者参与了行政权的职位或者工作。[32]

混合控制权包括两个部分：调查权（inquiry）和立法权。

15. 什么是司法检查权（Judicial Examination）——调查权（*Potestas Cognoscendi*）对某人事务的司法检查或者侦查（investigation）。[33] 即使司法检查经常与管辖权混淆，[34] 这种调查依然主要围绕诉讼的性质展开，因此它可以随着产生法律、诉讼法的相关情境，充分了解诉讼的信息和指令。[35] 因此，存在正式的审判（*Causae Cognitio*）和诉讼代理人（*Causae Cognitor*）。[36] 一些人称这种权力为简易管辖权（*Iurisdictio Simplex*）。[37]

16. 什么是立法权——立法权（*Statuendi Potestas*）是决定一项法律并适用于一件被侦查过的诉讼的权力，与之相伴的是执行已经颁布的法律的权力或是执行权。[38] 已经颁布的法律依赖于控制权；已经颁布的法律通过适度的强制（*Coercitio Modica*）得以执行。[39]

17. 什么是命令——因此，一项命令（*Iussus*）是产生于立法、命令和控制的权力。[40] 其中还包含禁止的权力（*Prohibendi Ius*）。[41]

18. 它特定的称谓——在其他场合,命令被列为管辖权的种类,即议定(settle)、决定和制定法律的权力。[42] 因为这一点,裁判官发布命令或者禁令的告示经常被称为管辖权。[43] 命令被理所当然地认为更多地涉及控制权。[44]

19. 保护不受伤害的权力——命令和禁止的权力还包括保护自身不受暴力和伤害的权力。[45] 它还包括规定和确认有关臣民安全的任何事情的权力。[46]

20. 什么是适度强制——适度强制权来自于立法和执行判决的权力,通过运用强力或者确定罚款,[47] 或者通过宣布或实施死刑以外的惩罚。[48] 当谈到纯粹控制权时,这一权力被称为适度强制,[49] 抑或在谈到命令时,它被称为同一管辖权中更大的控制权;[50] 不过更大的控制权绝不可能使其成为绝对的控制权。[51]

21. 裁量性的适度强制和混合权的类型——适度强制,应该依据情境的逻辑进行评价,由法官进行裁决。[52]

有两种混合控制权:第一,管辖权被包含其中的混合控制权;第二,管辖权被添加其上的混合控制权。[53]

22. 混合权受谁管辖——当权力或者控制权主要运用于情境中时,包含管辖权且依照其本性混合的混合权就出现了。[54] 换言之,在力量和权威方面,控制权更胜于管辖权。[55] 马修·斯蒂法尼(Matthew Stephani)错误地拒斥了这种类型。

23. 混合权如何包含管辖权——管辖权被添加其上的混合控制权是用来描述这种控制权的术语:该控制权的运用主要不是为了自身而是为了彰显管辖权或者是为了命令。[56] 有了这一限制,管辖权或命令就避开了某些状况而缺乏表现机会。[57] 因此,在这种情况下,正如多内鲁斯(Donellus)阐释的那样,管辖权占了上风。

24. 管辖权从未单独存在——从这些观点来看,真实的情况是管辖权从未单独存在过,要么与控制权联系在一起,要么是控制权的一部分。[58] 因为这种不可分割的关系,可以这样说:归于管辖权的东西也可以理所当然地归于控制权,[59] 因此控制权可以被称为管辖权,反之亦然。[60]

25. 为什么被称为混合权——因此,从这里也可以推出为什么这种权力会被称为混合控制权,[61] 那是因为它和管辖权绑定在一起。[62]

26. 什么是纯粹的权力——纯粹控制权(*Merum Imperium*)不是根据统治者的权力授予,而是专门根据法律随时授予某人,甚至授予私人公民的权力,[63] 与之相伴的是处以死刑或判处罪犯死刑的权力。[64] 否则,它就被定义成为预防犯罪的权力。[65] 对于某些统治者而言,征税权与适宜的统治者的权力一起归入纯粹的控制权。[66] 持不同意见者认为,在这里应该考察每个地方的习俗(*Consuetudo*)。在其他地方,这种权力被称为惩罚权(*Animadversio*),[67] 或者被称为处以公共训诫的许可权(*Licentia Disciplinae Publicae Emendandae*)。[68]

27. 如今不存在纯粹的权力——如今,根据我们的习俗,没有纯粹控制权的例证,因为统治者有复仇的默示权力和处以死刑的权力,而且统治者依据法律行使权力。[69] 在这种情况下,统治者应该看到每种控制权的限度和目的,换言之,它可以持续多久;它可以扩展到何种程度;它适用于什么事务;或者这种控制权是来自于习俗、成文法还是上级的承认。[70]

28. 它为什么被称为纯粹的——此外,这种控制权被称为纯粹的,是因为它自身未受玷污、未加掩饰、独一无二且区别于管辖权,[71] 或者是因为它只存在于强制中——被恰当地称为控制权,而不是存在于命令或者侦查之中——后者被称为管辖权;它被称为纯粹的,是因为这种控制权区别于行政权或者法律赋予统治者的权力,统治者的权力并不包括这种纯粹的控制权或者触及其本质。当谈到混合控制权时,这种权力被称为纯粹控制权。[72] 事实上,教会法学家称它为唯一的(*Solus*)控制权,[73] 希腊学者称它为纯粹控制权,单一控制权。因此,就有了这样的术语:**纯粹精确**(*Mera*,*Subtilitas*)、**纯粹条件**(*Mera Conditio*)、[74] **纯粹国家法**、[75] **纯粹**

司法程序(*Merum Officium Iudicis*)[76] 以及**纯粹惩罚**(*Mera Poena*)。[77] 因此,立法是运用纯粹控制权制定法律,并非像统治者运用混合控制权那样。[78]

29. **纯粹权力的不同术语**——这种纯粹控制权也被称为最高权力(*Summa Potestas*)、惩罚权(*Animadversio*)、[79] 拥有更大权力的人的控制权、[80] 卓越的权力、[81] 剑的力量和剑的权力(power of the sword and the right of the sword)、[82] 最充分的管辖权[83] 以及控制权。[84] 这种控制权的象征和符号是剑。[85] 在罗马,这些象征是带斧头的棍棒,正如在哈利卡尔那索斯的迪奥尼修斯(Dionysius of Halicarnasus)和李维(Livy)那里看到的。其他人称纯粹控制权为高级管辖权(*Alta Iurisdictio*)。[86] 这些作者认为称其为纯粹的是因为它不能为私人使用。

此外,谈到法定公权力,有时当它被以某种方式规定后,在某种特定的情境下,它被有权让与和委托这项权力的人委托给私人公民,不附带管辖权、强制权以及起诉权(*Potestas Exsequendi*)。

这种情况有两种类型:替代(*Vicaria*)和仲裁(*Compromissaria*)。[87]

30. **行政权**——替代发生于官员特定和真实的公权力被让渡给私人公民时,[88] 包括不要求权力转移的官员本人知晓的情形。[89]

31. **经授权的、外来的和委托的权力**——也被称为移转的管辖权(*Iurisdictio Mandata*)[90] 或者外来管辖权。(*Iurisdictio Aliena*)。[91]

32. **什么是普通授权**(Ordinary Authorization)——当权力由亲王或者公共行省给予时,该权力被称为特定和普通管辖权,而非外来管辖权。[92] 权力是有规律的、永恒和普遍的;[93] 已经被一个公共权威分派给某人;[94] 或者通过一项普通权力的行使而被给予。通过将全部事务委托给某人的方式给予的权力,[95] 也被称为委托管辖权(*Iurisdictio Delegata*)[96] 或者独立于统治者且未加掩饰的控制权。[97] 事实上,管辖权被交付的这个人被称为代理人(procurator)、代表(vicarius)、*替代者(substitute)或者受委托人(mandatarius),甚至是托付权力的统治者的受托人。[98] 多内鲁斯称该人为没有控制力和权力的统治者,[99] 这个人就权力的运用和行使而言被认为拥有统治者的地位,即使就职位和权力而言并非如此。在其他地方,他被称为指定法官(*Iudex Padeneus*),[100] 监督轻微事项的起诉,[101] 或特别法官,[102] 或者授权法官。[103]

33. 被授予的管辖权的权能——一个人只要有侦查和裁判的权力,[104] 且不需要有命令和起诉权(*Iubendi and Exsequendi*),[105] 就具有转让管辖权的能力。因此,他拥有独立的侦查和司法裁判的权力。[106]

34. 这项权力不能被授权或让渡——他不能将这项权力转让或让渡给另外一个人。[107] 这项规则的要求可以放宽,虽然他不能转让权力给他人,但是在了解案件需要时他可以让渡。[108]

35. 它的限度和形式——在行使和运用让与的管辖权时,受让人遵照规定给他的程序,履行着权力让与人的职责,[109] 行使着让与人的管辖权,[110] 尽管此时拥有的不是受让人个人的权力。[111] 受让人这样做时,其判决的执行仅仅从属于被转让的管辖权。[112]

36. 当被转让的管辖权取消时——一旦转让人的意志终结时,转让的管辖权就被视为已经归还。[113] 一旦被归还,这种管辖权就不被称为私人的(private),而是逐渐累积(cumulative)的权力。[114]

37. 权力的行使不可以免除或放弃——就控制权单纯的运用和行使而言,统治者能够将其让渡或者转让给另一个人,[115] 但是他自己不能放弃这一统治权。[116] 这是因为控制权依附于个人,因此不能完全让渡给另一个人。[117] 他不应该很快地转让他的管辖权,[118] 相反,他会从他作为统治者依法享有的那些事物中获得权力;更确切地说,得到那些事物一度是通过司法裁决和次要事物,[119] 而不是通过那些依据统治者的法律授予

---

* 疑为 vicarious。——中译者注

他以便其通过职权解决的事务。[120] 根据统治者一度可以转让的那些事物，多内鲁斯看到了有关酬金的特别程序（*Extraordinaria Honoraria Cognitio*）。[121,122]

38. 什么不可以被授权——但是，不可以转让那些不属于自身管辖的事物。[123] 在这里，我将下述事物包括进来：该事物的拥有不是依据他们自己权力制定的法律而是依据特定的成文法或者制度。[124]

39. 当它被累积或者个别授权时——但是，当一个人不能单独侦查或者宣布判决时，管辖权是被逐渐累积地、而不是个人化或者完全地转让和让渡给这个人，因此，当让与人让与管辖权时，他可以保留更大的管辖权，而且能够同时实施这种权力，[125] 这就是说，除非成文法本身规定让与管辖权或者让与的形式是个人化和完全的，且规定了明确的管辖权。[126] 在不同的时间段内，这一点有所区别。

40. 鲍尔米斯特（Paurmeister）* 的区分——曾经，当管辖权是国家法（*Ius Publicum*）的一部分，而且只为罗马占有时，它的实施一度不论普通和特殊环境都只授权给统治者。那时，一名转让权力的高级统治者总是有可能与其他统治者一起行使这种权力，因为高级统治者依然能够在所有暂时被授予权力的统治者中保有权力，被授权的那些统治者并非以自己的名义而是以权力转让人的名义行使被授予的管辖权。这是巴特鲁斯（Bartolus）的观点。在这些时代的国家中，每种管辖权，不论是否被皇帝、君主（*Principes*）、帝国的重要公民、他们的属下、臣民或者个人甚或全体人民转让，都被认为是并非私人而是连续（consecutively）授予的。换言之，这种管辖权应该被理解成为一直都以这种方式被授予：让渡管辖权的人并没有放弃他的整个管辖权，或者至少在法律宣称上，依然存在诉诸高级权力或者其他法律可能性的权力，因此不仅让渡管辖权的人

---

* 指 Tobias Paurmeister von Kochstedt（1555－1616），德国法学家和政治家，著有 *De Jurisdictione imperii Romani：libri duo*（Helmstadii：Müller，1670）。——中译者注

不能被最高级的法看成是私人公民,而且他因此还能够与管辖权的受让人一起工作,如为受让人的工作做准备、一起工作或者提供指导。[127] 至于当下的运用,鲍尔米斯特认为,明示让渡的管辖权和默示让渡的管辖权之间存在区分——普遍、一般和个别化的授权或豁免(*Privilegium*),不论是永久的还是被称为使用权(use-right, *Ususfructus*)——或者通过封地、誓言、契约、租约的名目分配。

在任何被转让的管辖权或者某种管辖权中,当统治者已经被任命或者委派时,我上面提到的旧法依然拥有一席之地。然而,只要那些统治者依据法律保有管辖权(不论管辖权是依法为他们所有的,还是通过协议或豁免而获得的),不论他们是君主、重要公民、贵族或是帝国的公民,不论他们是否为被征服民族的贵族和公民(一些人根据卡梅拉帝国[the Empire of Camera]的新宪法,[128] 其他人根据风俗),不论是否有悖于旧法的逻辑(我们就初级或者更高级的司法程序而言),这些统治者并不通过为下属做准备或预测工作的方式与其一起工作,而且管辖权并非自动返回更高级的统治者手中,而是由于原告或者下级法官的诉讼、过度的质疑、正义的否定或延迟,以及/或者做了或者被怀疑做了不正义之事。[129]

41. **古时的罗马统治者**——很久以前的罗马人中,一些统治者是罗马的、一些是自治市的(*Municipales*),一些是行省的(*Provinciales*),一些是不同等级的普通统治者(*Ordinarii*),其他人是特别的统治者(*Extraordinarii*)。较高等级的普通统治者是元老院议员、执政官、平民保民官、监察官、城市行政官(urban prefects)。较低等级的普通统治者是城市财务官(urban quaestors)、下层公民(*Aerarii*)、[130] 平民市政官(plebian aediles)、贵族市政官(curulial aediles, *Aediles curules*)、行政官(administers, *Curatores*)、不同部落的领导人、三执政(triumvirs)、四人委员会(quatuorvirs)、五人委员会(quinquevirs)、十大执政官(decemvirs)[131] 以及类似的官员。高等级的特别统治者包括临时执政

（interrex）、独裁者（dictator）、骑士统领（master of the horse）、百人团法庭成员（centumviri）、[132] 军事保民官（military tribunes）以及类似的官员。较低级别的特别统治者包括调查叛国罪的双人法官（duoviri investigating high treason，*Duoviri perduellionis*）、调查杀尊亲罪或其他死罪的法官（quaestors investigating parricide or other capital offences，*Quaestores parricidii rerumve capitalium*）、掌管谷物供给的行政官（the prefect in charge of the grain supply）、负责银行的五人委员会（quinqueviri in charge of the banking，*Quinqueviri mensarii*）、负责舰队的双人制行政官（duoviri in charge of the fleet，*Duoviri Navales*）、消防队行政官（the prefect of the fire brigade，*Praefectus Vigilum*）以及类似官员。行省官员包括行省总督（*Rectores Provinciarum*）和行政官（*Praeses*），诸如裁判官（praetor）、财务官（quaestor）、行政官（prefect）、行省高级司法官（juridicus）、[133] 行省执政官（proconsul）、禁卫军官员（praetorian prefect）以及类似官员。[134]

42. 什么是和解的权力——和解（compromise）是由没有公权力的私人公民授予私人公民的权力，目的是针对他们自己的争议情况在公权力没有管辖权且没有做出先前判决的前提下进行调查并做出裁决。[135] 它被称为仲裁（arbitration，*Arbitraria*），因为它的发生没有违背个人的意志，相反是因为双方的意志、裁决和选择。[136]

注释：

1. Geil. Lib. 1. observ. 17. Ferand Vasqui. Illust. Controv. lib. 1. cap. 8. Mynsing. Cent. 5 obs. 8.
2. Hieronym. De monte，3；De finib. Regun. Losaum de iure university. 1. 2. 7－8. l. 6. § Qui universas. i. congrui. 13. de office. Praesid.
3. Bart. In l. unic. Num. 5. Cod. De metrop. Beryt. Li. 11. Marcus decis 366. num. 13. 14. Vol. 1. Losa. De iure univ. part. 1. c. 2. Hieronm. De monte. De finib. Reg. c. 4. num. 7.
4. Tit. Cod. De rect. Provinc. And toto sere lib. 1. C.

5. Geil. 1. 97；Boer，202；Heig. 1. 2. Choppin，1，de domane. reg. tit. 6. 18；
   Paurmeist. 2. 10. 7 - 8. de iuris；Matth. Stophani. 2. 1. 4. 1 - 2ff. ；Pet.
   Gregor. Syntagm. Iur. 6. 9.

6. Paurmeist. d. loc；Andr. Knich. De iure Territorii. 4；Geil. 1. 21.

7. Wesenbe. Consil 27. 28；Disentit Paurm. 2. ult. 18；De Iurisd. 以及参见
   Politica 18；Rosenthal，de feud 2. 2；Geil，de arrest. 6. 9；Matth. Steph. 2.
   1. 6；de iurisd；Heig. D. loc. ；Pacian 2. 35ff. ；de probat. Borch. De feud，
   quae sunt regal。

8. Geil 1. 6. 19，de pac. Publica 以及 2. 57. 7 - 8；Wesenbec. Consil. 40. 44 以
   及 27. 28；Donell. 17. 22.

9. 1 deprecation，9；ad 1. rhod. de iact. 1. bene a Zenone. Cod. de quad.
   prescript. Wesenbec consil 97.

10. 换言之，成年。

11. Rosenthal 1，de feud conclus. 10 以及 13. 5；Covarruv. Pract. Quast. 4；
    Roland a Valle Consil. 1. 138. 2 and 1. 141ff. 以及 1. 2. ；Bossius de prinipe
    92ffl. Matth. Stephani，de iurudict. 2. 1. 2. 1。

12. Geil 1. 17；Fern. Vasqui 1，illust. Controv. 8. 17ff. ；Boer. Decis. 304.

13. *Digest*，De Office. Praesid 11，12，13，19，6；De Office. Procons. 7 - 9；
    Solent. De Office. Procons. 6；Menoch. 1. 12. 8；*Digest*，Arb. Iudic and
    Quaest. 14 and 87；Gen. 41：40 - 41ff. ；Deut. 1；Jer. 7：31；31：5；32：35；
    1 Kings 9：22，23；Ex. 18：21ff.

14. *Digest*，De Offic. Prasid. ；De Offic. Procurat. Casar. 1.

15. *Digest*，De Offic. Praefect. Praetor，1；More De Iurisdict. 5.

16. *Digest*，De office. Eius Cui Est Mand. Iurisd. 1. 1，2，3，4.

17. *Digest*，De Iurisdict. 6 and ff. ；De Offic. Prafect. August. 1；De Offic.
    Eius Cui Est Mand. Iurisdict. Penult；Novell. 15.

18. *Digest*，De Offic. Eius，1，2；Codex，Com. ，Penult and Ult；Vel Epist.
    Vicar. Rei Iud. Non Hab. 7. 57.

19. *Digest*，De Iursidict. ，6.

20. 1. unic. Codex，ut om. Iudic. tam civil. quam criminal post depos.
    adminstr；Petrus Gregorius 47，21，3 - 5；Mynsing. 5. 8.

21. *Digest*，De Iursidict. ，1，2；De Offic. Eius Cui Est Mand. Iurisd. ，1，ult.

22. *Digest*，More. De Iurisdict. ，5；De Offic Eius Cui Est Mandat. Iurisd. ，
    1. 3.

23. *Digest*，De Iurisdict. 1，2，3，10，11；Si Quis Ius Dic. Non Obtemp. ，1；De
    Iudic. 58.

24. *Institutes*, De Iur. Nat. Gen. 以及 Civil. ; Rom. 13：1；1 Peter 2：13,14；2 Chron. 20：19.

25. *Digest*, De Iurisdict. 1 – 3.

26. *Digest*, De Iurisdict. ; Matth. Stephani, De Iurisdict. , 1. 2.

27. *Digest*, De Iurisd. 3.

28. *Digest*, De Iurisd. , tit; De Offic. Eius，1，ult; De Offic. Prasid，3; De Extraord. Cognit，1; Stephan. De Iuris，1. 6.

29. *Digest*, In fin. De Posiul; De Minor. 16; Robert，4. 22; Corasius 22. 17. 15; Alciatus 2 8; Cujac. , Ad Papin，2.

30. *Digest*, De Offic. Eius Cui Est. Ult.

31. Cujac. In Papin，1; *Digest*, De office. Eius Cui Est Mand. Iurisd.

32. Cujac. D. Loc. ; Donell. , 17. 8.

33. *Digest*, Notionem. Ubi Goedd. De Verb. Signific. , 99; De Re Iud. 5.

34. *Digest*, De Transact，8; De Iurisdict. , 11. 2; De Praetor. Stipul. , 5. 1.

35. *Digest*, De Iust. 以及 Iur; Iudices，9; Cod. De Iudic; John 7：51; Deut. 17。

36. Auth, Iubemus; Codex, De Iudic. ; *Digest*, De Recept. Arbit，3. 1.

37. Duaren, in tit. De Iurd; Per l. Si Idem De Iurisd; *Digest*, De Extr. Cognit. , 1; Matth. Steph. De Iurisd. 1. 5.

38. *Digest*, a Divo Pio，15; De Re Iudic. ; De Iurisdict. , 2; De Officio Eius Cui Est Mand. Iurisdict. , Ult. .

39. *Digest*, De Offic. Eius Cui Est Mand, ult. ; Novell. , 15. 1,2,3,6.

40. *Digest*, De Re Iud. , Ult. , 14; De Iurisdict. , 4. 1, 2, 3; *Institutes*, De Interdict. ; Ne Quid in loc. Publ. , Ult. ; Donell. 17. 8.

41. *Digest*, De Aqua Quotid. 以及 Ast. , 1; De Re Iudic. , 14; De rivis. 1。

42. *Digest*, De Offic Eius Cui Est Mand. , 1, ult; tit. Quod quisq. Iur. in al. Stat. ; Si Quis Ius Dicent. Non obtemp. , 1.

43. *Digest*, Iudicium. De Iudic. , 58; Divus. De Sicar. , 31; De Iurisd. 7; De in Ius Vocand. , 11.

44. *Digest*, De Iurisd. 4.

45. *Digest*, Congruit. De Offic. Prasid. , 13; Romans 13.

46. Argumn, Iudices，9; Certi. Cod. De Iudic，17.

47. *Digest*, De Iud. , 2. Ult. ; Si Quis in Ius vocat. , 2; Cod. , De Mod. Mulct. , 2,3.

48. *Digest*, De Iurisdict. Iussus non Obtemperanti，12; Si Quis Ius Dicent. Non Obtemp，1; De Offic Eius, cui est Mandat. , Ult. , 1, Ult.

49. d. l. ult.

50. *Digest*，Iudicium. De Iudic.，58.

51. *Digest* Ad Municip.，26；De Iurisdict.，4.

52. *Digest*，Respiciendum de Poen.，11；Duaren in l. more.，de Iurisd；Clar. Quast.，8，Pract. Crim.，fin.，Marant.，4. 1. 82.

53. *Digest*，De Iurisd. 3；De Offic. Eius Cui Mand. Iurisd.；Menoch. 1，Arb. Iudic.，74，20.

54. *Digest*，de Iurisdict，3，4；Magis Imperii ad Municip.，26.

55. Menoch.，d. cas. 74，num. 20，21.

56. *Digest*，De Offic. Eius Cui Est Mandat.，1，ult；De Iurisdict.，2；Cod. Ubi 以及 apud quem cogn.，ult。

57. *Digest*，De Offic. Eius，Ult；Si Quis Ius Dicent Non Obtemp；De Iurisdict.，2；Menoch d. Cas. 74. num. 20. 21.

58. *Digest*，De Iurisdict.，3；4；De Offic. Eius，1；Fachin. 9. 95.

59. *Digest*，De Offic. Eius，1. ult；3；ult.

60. *Digest*，Etsi. De office. Eius，3；Cum Prator. De iudic. 12.

61. 混合控制权的例证，参考如下：Muscirdm De Iurisdict. 151；Longovall，De Iurisdict.，3；Zasium，3；Alciat 2. 7；Pet. Gregor. 47. 21. 13，14；Donell 17. 8；Hotoman 7. 16. 。

62. Cujac. 21. 30；Duarenus 1. 52；*Digest*，De Iurisdict.，3；Donellus 17. 7，8；Robert. 4. 22；相反的意见，参见 Anton. Faber 4. 4；Zasius，De Iurisdict. 3。

63. *Digest*，De Origin. Iur，2；Solet. De office. Procons.，6；De Offic Eius cui est Mand. Iurisd.，1. 1；5；Ad L. Cornel. De Sicar.，1；De Verbor. Signific.，131. ult；De Offic. Proconsul.，7.

64. *Digest*，de Iurisd. 3；De Offic. Prasid. Nemo，3；13；De Regul. 70；Actor. 26. 10，11，12；Francisc. De Claper.，De Iurisdict. 4.

65. Codex，Qui Non Poss. Ad Libert. Perven.，1；Cujac. 1；Papin；*Digest*，De Offic. Eius Cui Est Mand.，1；Donell. 17. 8；Hotoman 3. 4.

66. *Digest*，De Offic. Eius，1；De Offic. Prasid；De Offic. Procons.，5，6；De Poen.，1. 1；Donell. 8；Covarruv. 3；Menoch 1. 54. 9；74. 44，45；Clae. 41. fin. 4；Muscornus，De Iurisdict.，135；Walter 2. 9；Pet. Gregor 47. 21. 20 - 21.

67. *Digest*，De Offic. Eius Cui Est Mand.，1. pen.

68. *Digest*，De Offic. Prafect. Prator.

69. Donell. 17. 8；Francisc. De Claper. De iurisdict. 2. 8；Cujac. D. loc.；Pet. Gregor.

70. Pet. Gregor；Codex. de emancip. 1；Codex，Quand. Imp. Novell 1. 15. 2ff.；

Digest, de office. Eius, 1; Ad LJul. De Amb. , 1.

71. *Digest*, In Fin. De Jur, Dot. ; De Donat. , 27.

72. Donell. , 17,8; Duaren. De Iurisdict. , 3; Vacon. , A Vacun. , 6. 2. 7.

73. *Digest*, De Verb. Oblig. , 5.

74. *Digest*, Cum Servus. De Cond. and Demonst.

75. *Digest*, De Poss. , 31.

76. *Digest*, De Solut. ; Stipulio De Verb. Obl. , 5.

77. *Digest*, Si Quis Ius Dic. Non Obtemp, 1; Acliat. In De Verb. Sign. , 215.

78. *Digest*, Ordine. Ad Munici. , 15; Ad SC. Turpill. , 1.

79. Codex, De Iurisd. , 5; De Offic. Prasid. , 13; De Offic. , Ult.

80. l. si quod. de off. procons.

81. l. 3. de iurisd.

82. l. 6. de office. procons. l. 6. § 8. de office. prasid. l. 71. nemo. de reg. iur.

83. l. 7. si in § 2. de office. procons.

84. l. 2. de in ius votand.

85. Suet. In Vitell. c. 8. adde Josh. 5: 13 - 14; Job 19; 1 Sam. 15: 13; Ex. 18: 4; 22: 24; Deut. 13: 15; 20: 13,16; 32: 41,42.

86. Bartol. Alciat. Zas. and Ias. In l. 3. de iurisd.

87. tit. C. de offic. eius qui vicem alter. gerit. tit. de office. eius cui est mand. iurisd. tit. de recept. arb.

88. l. more 5. l. 16 l. 17 de iurisdict. L. 1 l. 2 l. 3. de offic. eius cui est mandate. iurisd. tit. C. de off. eius qui vicem alt gerit.

89. l. 2. C. de pedan. iudic.

90. l. 1. § 1. l. 2. l. 5. de off. eius cui est mand. iurisd. l. 5. more. de iurisd.

91. d. l. 1. § 1. l. 3. etsi de off. eius cui est mand. Iurisd.

92. l. ult. C. ubi senat. vel clariss. L. 1. de const. pr. L. 1. ad L. Iul. De amb. Novell. 15. c. 3. Luke 10: 16; 1 Pet. 2: 14.

93. Paurmeist. Lib. 1. c. 10. n. 28. de iurisd.

94. d. c. 10

95. 参见 Menoch. Lib. 2. pras. 16. vide infra lib. 3. c. 4。

96. l. 2. C. de dilat. l. 5. cum auth. seq. l. 16. C. de iudic.

97. l. 5. l. 15. ubi gl. Bart. and Duar. de re iudicat. l. a iudice 5. C. de iudic. l. cognitionum. de var. and extraord. cognit.

98. l. . § 1. l. 2. l. 3. l. 6. de off. eius cui est mand. iurisd. Duar. de iurisd. c. 7. c. 8. Donell. lib. 17. c. 8. comment.

99. l. 32. nec. de iur.

100. l. 2. 3. 4. 5. C. de pedan iud. l. ult. C. ubi and apud quos. l. 4. prator. de tut. and curat. l. 38. de poenis.

101. l. 2. l. ult. C. de peda. Iud. Novell. 82. ubi Cujac.

102. l. fin. de offic. prator. l. 5. de offic. prasid.

103. tit. C. qui pro sua iurisd. iudic. dar. poss. tit. de offic. delgat. extr.

104. l. a Divo 15. ubi Duaren. de re iudic. l. properandum. § fin autem. C. de re iudic. Menoch. lib. 1. arbitr. iudic. quast. 74. num. 3. Donell. lib. 17. comm. cap. 6. a se ipso dissentiens lib. 17. cap. 23.

105. d. l. 15. a Divo Pio. d. l. properandum. § Fin. Autem. 一个不同的观点，参见 Donell. d. loco。

106. l. 5. ait. l. 15 a Divo. de re iudic. l. 99. notionem. de verb. sign. l. penult. l. de quare. de iudic. l. 8. de transact. l. ult. C. ubi 以及 apud quem in integr. restit. l. cognitionum. de var. 以及 extraordin. cognition。

107. l. 6. § 以及 quia. de iurisdict. tit. C. de offic. eius qui vic. arg. § penult. ult. Instit. de usufruct. l. nemo plus. de regulis iuris. Donellus d. c. 8. Menoch. Lib. 1. arb. Iud. quast. 54 以及 74. num. 45ff。

108. per l. solet. de offic. procons. Novell. 134. c. 1. 2. 3. 4. Novell. 15 以及 128. c. 19. c. 20. vide Menoch. Quast. 2. d. lib. 1. arbitr. iudic。

109. l. 16. l. 17. de iurisdict.

110. l. 1. § 1. de offic. eius cui est mandat.

111. l. 1. § 1. l. 3. de offic. eius.

112. Zas. late in l. 5. de iurisd. Hart. ab Epping. lib. 2. obs. 15. 17. tit. 15. Marant. part. 4. dist. 5. Menoch. lib. 1. arb. quast. 54 and 74.

113. 参见 Menoch. lib. 1. quast. 79. 68. Covarruv. variar. resolute. lib. 3. cap. 5。

114. Myns. cent. 6. obs. 99. Menoch. lib. 2. pras. 18. num. 31. 32. Paurmeist. lib. 1. c. 29. de iurisd.

115. l. pen. de offic. prasid. l. cui muneris. de mun. 以及 honor. atq. l. 16. solet. l. 17. l. 5. l. 6. de iurisd. l. 1. de offic. eius。

116. d. l. pen. de off. prasid.

117. d. l. pen.

118. l. 2. C. de pedan. iudic.

119. l. 2. l. ult. C. de pedan. iudic.

120. Donellus late lib. 17. comm. cap. 22. argum. Novell. 60. § illud. Authent. ad hac. C. de iudic.

121. l. 1. de extraord. cogn.

122. 关于这些内容更多的信息，参考如下：l. quod si. § ult. de minor. l. 3. § 1. de lib. exhib. l. 1. § 1. de rei vind. l. pecunia. § actionis. de verb. sign. l. solent de offic. procons. l. 1 de offic. eius. l. nec quicquam. § ubi de offi. procons. l. 2. C. de assessor. vide Menoch. lib. 1. quast. 2. arb. Iudic。

123. tit. C. qui pro sua iurisd. iud. dar. poss. l. 4. § ult. de off. procons.

124. l. 1. de off. eius cui est mand. l. cum hi 7. § sed nos. de transast. l. penult. l. 12. § 1. l. 80. de iudic. l. 2. C. de pedan. iud. Novell. 15.

125. Menoch. lib. 2. prasumpt. 18. and lib. 1. quast. 40. arb. iud. and quast. 74. Myns. cent. 6. obs. 99. per l. 1. C. de defens. civit. Novell. 15. c. 3.

126. Menoch. d. lib. 2. prasumpt. 18. and lib. 1. arbit. quast. 40. Covarr. pract. quast. c. 1. c. 2. late. Paurmeist. lib. 1. cap. 29. de iurisdict.

127. Menoch. lib. 2. pres. 17.

128. Constit. part. 2 tit. 1.

129. Paurmeist. d. loc. per alleg. Ibid.

130. 意指被监察官排除于森都里亚（centuriate，百人队）和部落组织之外，要支付特别人头税的公民，换言之是最低等级的公民。

131. 三人、四人、五人或十人委员会的成员。

132. 在涉及较高价值的继承和财产案件中，由105—180位陪审员组成的委员会的成员。

133. 行省中有司法权的高级官员。

134. de quibus omnibus 以及 singulis consulendus Johan. Rofinus lib. 7. antique. Roman. and Pravot. de magist. Roman. c. 4. 以及 tit. 9. de Senator. tit. de officio consul. 以及 seqq. Libri primi. D. 以及 tit. C. de offic. Prafect. Prator. tit. C. de offic. prefect. Prator. Africa. Tit. seqq. usq. ad finem libri primi Codicus。

135. tot. tit. de recept. arb. Geil. lib. 1. obs. 40. per l. privatorum. C. de iurisd.

136. l. 1. de recept. arb. l. 14. l. 18. de iurisdict. Vide lib. 3. cap. 4. 就这一章节，可以参见 D&C de iurisd. , de offic. eius cui est mand. iurisd. , si quis ius dicenti non obtemp. , de offic. consul. 以及 seqq. Usque ad finem. lib. 1 D & tit. C. de offic. praefect. Praetor. 以及 seqq. Usque ad finem. lib. 1. C. tit. C. de offic. eius qui vices alter. Gerit. Tit. D. de recept. arbit. tit. C. de pedan. Judic。

图书在版编目(CIP)数据

论一般法律/[意]D.希罗尼穆斯·赞奇著;王婧译.《法学大全》选集/[德]约翰斯·阿尔图修斯著;王婧.—上海:上海三联书店,2018.12
ISBN 978-7-5426-6593-5

Ⅰ.①论…②法… Ⅱ.①D…②约…③王… Ⅲ.①自然法学派-研究 Ⅳ.①D909.1

中国版本图书馆 CIP 数据核字(2018)第 292693 号

论一般法律 《法学大全》选集

著　者 / [意]D.希罗尼穆斯·赞奇
　　　　[德]约翰斯·阿尔图修斯
译　者 / 王　婧

责任编辑 / 黄　韬　江南慧
装帧设计 / 徐　徐
监　制 / 姚　军
责任校对 / 王凌霄

出版发行 / 上海三联书店
　　　　　(200030)中国上海市漕溪北路 331 号 A 座 6 楼
邮购电话 / 021-22895540
印　刷 / 上海惠敦印务科技有限公司

版　次 / 2018 年 12 月第 1 版
印　次 / 2018 年 12 月第 1 次印刷
开　本 / 640×960　1/16
字　数 / 128 千字
印　张 / 12.5
书　号 / ISBN 978-7-5426-6593-5/D·415
定　价 / 48.00 元

敬启读者,如发现本书有印装质量问题,请与印刷厂联系 021-63779028